SPANISH

Commercial Correspondence

A First Practice Book

MICHAEL PAINE

HARRAP

EDINBURGH   PARIS

First published in Great Britain 1994
by Chambers Harrap Publishers Ltd
43-45 Annandale Street, Edinburgh EH7 4AZ

ISBN 0 245 60463 4 (UK)
ISBN 0 671 89991 0 (USA)

The names of companies and individuals appearing in these letters
and all details pertaining to them are fictitious. Any resemblance to real
persons, organizations or institutions is accidental.

808.06
Paine

Designed and typeset by Roger King Graphic Studios

Printed in Great Britain by Clays Ltd, St Ives plc

CONTENTS

INTRODUCTION

Spanish Commercial Correspondence is a self-study course for students of Spanish who want to learn the structure and vocabulary of Spanish business letters. Students using the course should have a basic knowledge of Spanish grammar and a vocabulary of about two thousand words. Footnotes are provided to explain purely idiomatic expressions, and all words necessary to understand the letters are highlighted in the text and included in the Glossary of Spanish and English equivalents. A full key is provided for the letters, the comprehension questions and the guided-writing exercises.

The book is divided into four main parts. Part 1 covers twelve introductory subject areas. Each unit is based on four short practice letters which combine to form the material for guided paragraph and sentence re-ordering exercises. Thus, by a process of frequent repetition, students assimilate, retain and use the main sentence patterns and vocabulary of Spanish commercial correspondence with very little effort.

Intensive practice on sentence structure is provided in the drill sections where many more vocabulary items are introduced. The drills are followed by a grammar check which seeks to clarify any grammatical difficulties and provides a general revision of the main grammatical areas that occur in the letters.

Part 2 introduces six more subject areas for further study and practice. The letters in this section are unsimplified and longer than those in Part 1, but students who have worked carefully through the first twelve units will have little or no difficulty in completing Part 2.

All the letters appearing in Parts 1 and 2 are consolidated and revised in Part 3. This consists of gap-filler recall exercises that can be checked against the original letters in the units.

The Key provides equivalent English versions (NOT literal translations) of all the letters together with answers to the comprehension questions and exercises, plus suggested answers for the guided letter-writing exercises. Complete answers are also provided for the drill sections.

Lastly, teaching notes are provided giving advice to teachers who use the book as a basis for course work.

On completing the course, students will have studied over 100 letters and will have become thoroughly familiar with the main structural and functional patterns of Spanish business correspondence, such as asking for information, placing orders, complaining about errors and applying for jobs etc. They will also have gained active control over essential areas, such as general layout, the position of the inside address, the various forms of greeting and the use of abbreviations.

To the Student

The Letters

Note the subject of the unit, then go to Letter 1. Study the letter, paying particular attention to the new vocabulary and language forms. Try to determine the meaning of any new or difficult words from the context before looking them up in the Spanish/English Glossary. The footnotes will help you with any idiomatic expressions.

Once you have understood the general meaning of the letter, read it through as many times as necessary, until you are satisfied that everything is clear. Next, complete the comprehension questions. To check your full understanding of the letter as well as your answers to the questions, refer to the Key which begins on page 121. Work through Letters 2, 3 and 4 in the same way.

The Drills

Before beginning the drills, look up the meanings of the new vocabulary items in the Glossary. Repeat each drill aloud once or twice, then try to write each sentence from the drill prompts. Check your answers using the Key and re-write the sentences if necessary.

Grammar Check

This section explains the main grammatical points that occur in each unit. Study the explanations and then refer back to the letters and note the use of each point.

The Exercises

The three exercise types in each unit are based on the structures and vocabulary already encountered in Letters 1 – 4. Once again, revise the letters before attempting Exercise 1. If you find the exercise difficult, look back to find the words and phrases you need to complete it. Exercise 2 is a re-ordering exercise which you will be able to complete provided you have fully understood Letters 1 – 4. Again, revise Letters 1 – 4 before attempting Exercise 3. The prompts in English are designed to provide a meaning check to test fully your understanding of the material covered in the Unit.

Lastly, check your answers by referring to the Key.

To the Teacher

Although *Spanish Commercial Correspondence* is designed for self-study, it is also suitable for use in the classroom. It can be used as the main course or as a supplementary component of a general course in Business Spanish.

The units are organized so that there is a progression of difficulty throughout the book. However, they can be studied in any order according to the level and the needs of the student. The types of exercise (ie completion, re-ordering and guided-writing) are the same in each of the first twelve units, so that students know exactly what is expected of them. Furthermore, the combining of letters in each unit to form the exercises helps students to develop quickly a familiarity and confidence with the lesson material. On completion of the first twelve units, students experience the satisfaction of progressing to the six more advanced units of Part 2, where the letters and guided-writing exercises are longer.

Michael Paine
Bahrain University, 1993

PART ONE
PRACTICE UNITS 1 – 12

Requests for information — Peticiones de información

Study the model letters, answer the questions and complete the exercises.

Carta 1.1

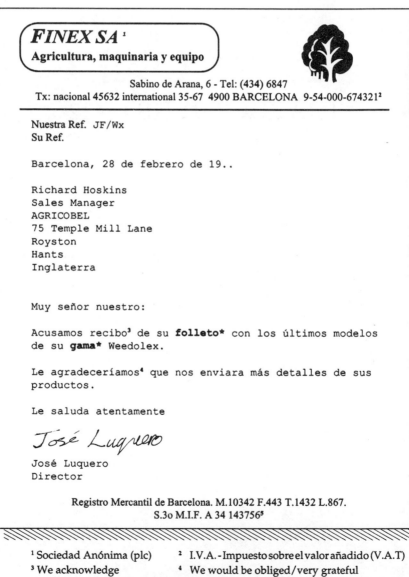

FINEX SA [1]
Agricultura, maquinaria y equipo

Sabino de Arana, 6 - Tel: (434) 6847
Tx: nacional 45632 international 35-67 4900 BARCELONA 9-54-000-674321 [2]

Nuestra Ref. JF/Wx
Su Ref.

Barcelona, 28 de febrero de 19..

Richard Hoskins
Sales Manager
AGRICOBEL
75 Temple Mill Lane
Royston
Hants
Inglaterra

Muy señor nuestro:

Acusamos recibo [3] de su **folleto*** con los últimos modelos de su **gama*** Weedolex.

Le agradeceríamos [4] que nos enviara más detalles de sus productos.

Le saluda atentamente

José Luquero

José Luquero
Director

Registro Mercantil de Barcelona. M.10342 F.443 T.1432 L.867.
S.3o M.I.F. A 34 143756 [5]

[1] Sociedad Anónima (plc)   [2] I.V.A.-Impuesto sobre el valor añadido (V.A.T)
[3] We acknowledge   [4] We would be obliged/very grateful
[5] Número de Registro (Company registration number)

a) What did Mr Hoskins send to Sr Luquero?
b) What further information does Sr Luquero want Mr Hoskins to send him?

Carta 1.2

Muy señor nuestro:

Nos ha llamado mucho la atención[1] el candado para volantes[2], modelo X3/27, en la página 43 de su folleto.

Sírvase informarnos de si usted puede[3] hacer entrega directa.

Atentamente

Antonio Martínez
Jefe de Compras

---

[1] We have been particularly attracted by
[2] steering wheel locks
[3] if you are in a position to..

a) Where did Sr Martínez find out about the X3/27?
b) What is the purpose of this letter?

Carta 1.3

```
Muy señores nuestros:

Hemos leído con interés su carta del 8 de junio
anunciando el lanzamiento* de su nuevo gato*
hidráulico.

Sírvanse informarnos de si tienen algún distribuidor en
nuestra zona.

Atentamente les saluda

Ignacio Jiménez
Director
```

a) What was the purpose of the letter Sr Jiménez received?
b) Does he intend to buy direct from the factory?

Carta 1.4

```
Muy señores nuestros:

Nos gustaría incluir su gama de abrigos especiales en
nuestra colección de artículos de seda* y lana*.

Les agradeceremos que nos envíen¹ una lista de precios
actuales e información sobre las condiciones de envío
al extranjero².

Atentamente les saluda

Juana Batista
Directora de Ventas al Extranjero
```

¹ We would be obliged if you could send us
² shipment overseas

a) How does Sra Batista intend to extend her business?
b) What further details does she require?
c) What is her position in the company?

Drills

Complete the sentences as in the examples. Make changes in tense and agreement where necessary. Do not include the pronouns in brackets.

1) Acusamos / recibo de su / folleto / presentando los últimos modelos de su gama Weedolex.

   a) El Director / carta / de copas de cerámica decorada.
   b) (Yo) / folleto / sus últimos precios actuales.
   c) Los socios / prospecto / los últimos modelos de su gama de distribuidores automáticos.
   d) (nosotros) / lista / sus propuestas provisionales.[1]

2) Nos / ha llamado mucho la atención / el candado para volantes, / modelo X3/27, / en la página / 43 / de su / folleto.

   a) Nos / tubo de escape, / ZX42, / 65 / carta.
   b) Me / utensilios de cocina, / A-98-3, / 101 / prospecto.
   c) Les / yate, / 1400B, / 46 / folleto.
   d) Le / tiendas de campaña, / 45/A, / 5 / lista.

3) Hemos / leído con interés su / carta del ocho de junio / anunciando el lanzamiento de su nuevo / gato hidráulico.

   a) He / comunicación / trece de agosto / producto.
   b) El Director / carta / diez de mayo / servicio de posventa.[2]
   c) Los socios / folleto / veintiuno de enero / plan de pensión.
   d) Hemos / carta / ocho de junio / horario de reparto.[3]

[1] draft proposals
[2] after-sales service
[3] delivery schedule

Grammar Check

1) Carta 1.1 Note the use of the Conditional in **Le agradeceríamos...** The Conditional Tense is formed by adding – **ía, ía, -íamos, -ían** to the infinitive for all three conjugations. Refer to your Grammar book for those verbs like **poder-pudiera** having irregular stems.

2) In Carta 1.2 note the use of the Imperative of the reflexive verb **servirse** – **Sírvase** to give the meaning, **Please (inform us)**... Reflexive verbs are more fully treated in Unit 4; Imperatives in Unit 2.

3) In Carta 1.4: **Les agradeceremos que nos envíen...** note the 3rd person plural polite form of the Present Subjunctive of **enviar** after **agradeceremos**.

4) Also in Carta 1.4 note that **gustar** (to please) is always preceded by an indirect object pronoun: **me, te, le, nos, os** or **les**.

Ejercicio 1.1

Complete the following letter informing a supplier that you would like to stock their range of industrial cleaning equipment (**equipos de limpieza industrial**). In addition, you would like more details and an up-to-date price list. You would also like to know whether it is possible to deliver direct from the factory.

```
Muy señores nuestros:

Acusamos ..... ..... ..... ..... y nos

..... ..... su gama de equipos

especiales en ..... ..... ..... .....

..... equipos de limpieza industrial.

Les agradeceremos que ..... ..... .....

..... ..... ..... actuales e información

sobre las ..... ..... ..... ..... ......

Le ..... ......

María Costa
```

Ejercicio 1.2

Re-order the following to make a letter similar to Letters 1.1 – 1.4

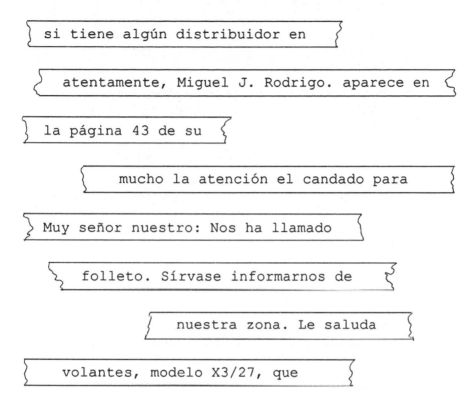

si tiene algún distribuidor en

atentamente, Miguel J. Rodrigo. aparece en

la página 43 de su

mucho la atención el candado para

Muy señor nuestro: Nos ha llamado

folleto. Sírvase informarnos de

nuestra zona. Le saluda

volantes, modelo X3/27, que

Ejercicio 1.3

Write a letter in Spanish from R. F. Rumbold, the Chief Buyer of Mayfair Hardware plc, 95 Royal Parade, Clifton, Bristol B21 76J, Tel: (342) 234354, Fax: (342) 876341 to G. de la Maza, The Sales Manager of Fulmato Baterías y Artículos de Cocina, Av. Brasil, 9, El Collado, Lucía - Cartagena (Murcia). Include the date and references and:

- mention that you have received their brochure presenting the latest models in their "Cromático" range;
- mention also that you would like to add their range of equipment to your collection of multipurpose frying pans and non-stick saucepans (sartenes multiuso y cazos antiadherentes);
- ask if they would be kind enough to let you know their current prices and the name and address of a distributor near you.

Acknowledging an enquiry — Acuso de recibo de peticiones de información

Study the model letters, answer the questions and complete the exercises.

Carta 2.1

FISCH MEDICAL S.A.

Instrumentos de ópticos oftalmólogos
Distribuidores para todas las provincias
Registro Mercantil de Madrid. Tomo 234, Inscript. 6B, C.I.F. A00078654

Alfonso Rodríguez Bernardo, 19, bajo[1], 28104,
Tel: 241 34254 Tx: 42354

N/REF: GC/cl   S/REF: AA/hv

Madrid, 10 de mayo de 19..

Andrés Astorqui
Director
Industriales Merino y Peñas S.L.[2]
Máquinas Medidoras
Pl. Compostela, 6,3° izq.[3]
43216 BASAURI (VIZCAYA)

Muy señor mío:

Ref: Su carta del 5.8.90

Con referencia a su solicitud de información adjuntamos[4]
un folleto ilustrado sobre nuestra gama SELTEK.

En espera de sus **gratas noticias,** * le saluda atentamente

Gloria Cirera

Gloria Cirera
Directora de Ventas al Extranjero

Anexo:

---

[1] ground floor
[2] (or S.R.L.) Sociedad de
   Responsabilidad Limitada — the equivalent of Ltd.
[3] on the left
[4] please find enclosed

a) Who sent the letter dated 5/8/19..?
b) What, in this case, does "Anexo" refer to?
c) What kinds of things do Fisch Medical produce?

Carta 2.2

```
Estimado Mr Bronson:

Como contestación* a su carta del 25 de enero de 19..,
nos complace enviarle¹ nuestro último catálogo.

No dude en ponerse en contacto con nosotros² de nuevo si
necesita más información.

Agradeciéndole* su interés en nuestros productos, le
saluda muy atentamente


Salvador de Pareda
Jefe de Ventas en el Extranjero
```

[1] We have pleasure in sending you
[2] Do not hesitate to contact us

a) What was the purpose of the letter Mr Bronson sent on
   25 January?
b) Do the two men know each other? How do you know?
c) What is Sr de Pareda's position?

Carta 2.3

Muy señora nuestra:

Le agradecemos mucho su interés en nuestros modelos
Purtex — **tamaños*** A1 y A5, de **bandejas*** de aluminio
para el almacenamiento de alimentos congelados en
grandes cantidades.[1]

Nuestro representante le **facilitará*** toda la
información que necesite y le **aconsejará*** sobre los
modelos más apropiados para sus requisitos personales.

Le saluda atentamente

Juan Berdión Pizarro
Director

[1] bulk storage of frozen food

a) What are A1 and A5?
b) What sort of business do you think Sr Pizarro has?
c) How do you know that he places particular value on this
    enquiry?

Carta 2.4

Muy señor mío:

Hemos recibido su carta del 10 de agosto en la que nos
pide información sobre nuestra gama de botellas,
tarros* y envases de boca ancha[1] para el embalaje de
productos alimenticios, de cuidado personal[2] y de
medicinas.

Adjuntamos[3] nuestro último catálogo y nuestra lista de
precios **actualizada***.

Esperamos tener el gusto de recibir un pedido suyo en
un futuro próximo.

Le saluda atentamente

Carlos Caboni
Director
Contadex S.A.

[1] wide-necked   [2] toiletries   [3] Please find enclosed

a) What was the purpose of the letter written on 10 August?
b) What kind of goods does Contadex manufacture?
c) In addition to the catalogue, what else is enclosed?
d) What would you expect to find written at the end of the letter?

Drills

Complete the sentences as in the examples. Make changes in tense and agreement where necessary. Do not include the pronouns in brackets.

1) Con referencia a su / solicitud de información / adjuntamos / un folleto ilustrado completo sobre nuestra gama / SELTEK.

   a) carta / (nosotros) / de camisolas con divertidos estampados **delanteros***.
   b) comunicación / el Sr Sahuquillo / sortijas de plata de ley.[1]
   c) llamada telefónica / los socios / pantalones con **pinzas*** y cuatro bolsillos.
   d) carta / (yo) / Porta-Plantas - 38 y 35 cm de alto; 20 y 17 cm de diam.

2) Como contestación de su / carta / del 25 de enero de 19.., / nos complace enviarle nuestro / último catálogo.

   a) llamada telefónica / 14 de diciembre / último folleto ilustrado.
   b) comunicación / 23 de abril / lista actualizada
   c) carta / 19 de octubre / últimas **muestras***.
   d) pregunta / 5 de julio / últimos términos.

3) Hemos / recibido su / carta / del 10 de agosto / en la que nos pedía información sobre nuestra gama / de botellas.

   a) El Director / comunicación / 18 de marzo / camisas a rayas.
   b) (yo) / llamada telefónica / 3 de febrero / zapatillas.
   c) Los socios / pregunta / 9 de septiembre / cinturones - tallas 75 cm - 80 cm, negros, 1.6000 ptas.
   d) Mi socio y yo / carta / 27 de junio / conjuntos con cuello, puño y bajos con **dibujo*** en blanco y negro al contraste.[2]

[1] genuine silver
[2] twin-sets with collar, cuff and waistband in a black and white contrasting design

Grammar Check

1) Carta 2.2: **No dude en ponerse en contacto.....** The Imperative is formed by taking the stem of the first person singular of the present and adding **-e** (sing.) and **-en** (pl.) to **-ar** verbs and **-a** (sing.) and **-an** (pl.) to **-er** and **-ir** verbs.

2) The Future Tense, as in Carta 2.3: **Nuestro representante le facilitará....**, is used more in business letters than in speech and is formed by adding **-é, -á, -emos, -án** to the infinitive for all three conjugations, NOT to the stem. Refer to your Grammar book for the many common verbs that have irregular forms.

3) In Carta 2.4 note that the possessive pronoun **suyo** agrees with the object possessed and not with the possessor.

Ejercicio 2.1

Complete the following letter from a supplier to a client acknowledging his letter and informing him that the representative will supply all supplementary information and advise on the types that will suit his particular requirements.

```
Muy señor nuestro:

Como ..... ..... ..... ..... ..... 5 de

febrero de 19.., nuestro representante

..... ..... ..... ..... ..... que necesite

y le ..... ..... ..... ..... ..... .....

para sus requisitos personales. Le saluda

atentamente

Rafael Jiménez, Director.
```

Ejercicio 2.2

Re-order the following to make a letter similar to Letters 2.1 - 2.4.

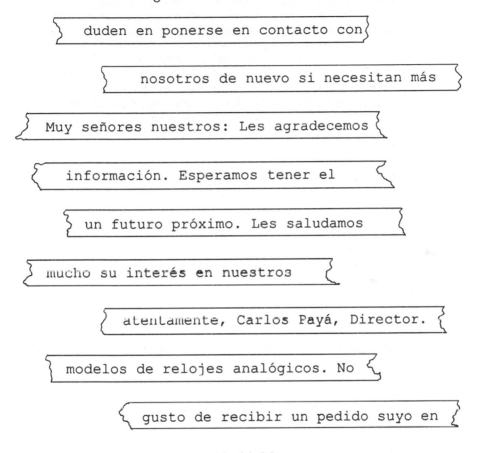

duden en ponerse en contacto con

nosotros de nuevo si necesitan más

Muy señores nuestros: Les agradecemos

información. Esperamos tener el

un futuro próximo. Les saludamos

mucho su interés en nuestros

atentamente, Carlos Payá, Director.

modelos de relojes analógicos. No

gusto de recibir un pedido suyo en

Ejercicio 2.3

Write a letter in Spanish from Víctor González, the Sales Manager of Comotec, S.A. of Nueva Andalucía, 87B, 20002 San Sebastián, Guipuzcoa, Spain, Tel: (943) 32 45 76 85, Tx: 32465 to Mr Uribe, the Director of Rodríguez and Pérez S.L. at Botigues Orese 88,3°, Av. Villajimena, Les Escaldes, Andorra. Include the date and references and:

- say that in reply to their request you are sending them your newest catalogue and latest price list;
- end by saying that you hope to receive an order from them in the near future.

Placing an order —
Hacer un pedido

Study the model letters, answer the questions and complete the exercises.

Carta 3.1

TUASNE *Máquinas Herramienta — Trabajos Especiales*

Núñez de Balboa, 26-28 bajo, 20100 Rentería (Guipúzcoa)
Tel: 0876 3654 - Tx: 32453 - Fax: 0876 432154

Antonio Gutiérrez
Director
Limatex S.A.
Av. Gonzalo, 45, esc. A,[1] 1° A
67543 ALGORTA (VIZCAYA)

N/REF: MM/fr   Rentería, 8 de febrero 19..
S/REF:

Estimado Sr Gutiérrez:

Después de haber examinado[2] su folleto con sierras
circulares refrigeradas por agua, tenemos el gusto de
hacerle el siguiente pedido:

100 Referencia No. 900 54000, diámetro 230 mm, espesor
de corte 2,2 mm.

250 Referencia No. 900 54200, diámetro 300 mm, espesor
de corte 3,2 mm.

Esperando que éste sea el **principio*** de una relación
mutuamente provechosa* entre nuestras dos compañías, le
saluda muy atentamente

Rafael Muguruza .
Rafael Muguruza
Director

Centros de Venta:

28034 MADRID	32781 Bilbao	418673 Granada
Villa de Plencia, 32	Sabino de Arana, 56	Capitán Haya 56-2
8085 Barcelona	Ancora, 43 (moderna)	Gran Via Carlos 111 130
Teléfono (91) 78656	Teléfono (87) 875643	Teléfono (879) 986745
TELEX 30987 PRENVET	TELEX 87656 PRENVET	TELEX 78645 PRENVET

---

¹ escalera A — staircase A   ² After having examined

a) What does the Tuasne company produce?
b) How do you know that the two companies have never
done business together before?

Carta 3.2

Estimado Sr Figueras:

Habiendo examinado el catálogo que nos envió
recientemente, nos complace adjuntar el siguiente
pedido de **faldas-pantalón*** de 95 cm de largo con
cinturón, **pasador*** y botones.

50 faldas pantalón **granate*** tallas 36, 38, 40
50 faldas pantalón negras tallas 42, 44, 46

Le rogamos que nos envíe la mercancía por avión.

Le saluda muy atentamente

Ramón Rojas

---

a) How do you know that the two companies have done
business before?
b) Is Sr Rojas in a hurry for the order to be delivered?

Carta 3.3

Muy señor nuestro:

Acusamos recibo de su carta del 5 de septiembre.

Nos complace hacer un pedido de[1] 30 escaleras con
plataforma superior, **peldaños*** de aluminio y cinta de
seguridad para posición abierta, referencia: 321.45 —

```
10 altura 85 cm 4 peldaños 3 kg
10   "    110 "  5    "     3.5 kg
10   "    175 "  8    "     5.5 kg
```

Le rogamos que haga la **entrega*** por **ferrocarril.***

Le saluda atentamente.

Ricardo Leopoldo
Jefe de Compras

[1]   We have pleasure in ordering...

a) What kind of shop do you think Sr Leopoldo has?
b) Where might they have to go to pick up the consignment?

Carta 3.4

Muy señores míos:

A continuación de nuestra conversación telefónica del
pasado 10 de mayo sírvanse tomar nota del siguiente
pedido:

15 válvulas de una dirección[1]
10 grifos con reguladores DN 10-250 serie 6000-4500

Les ruego que envíen la mercancía por servicio de
transporte ordinario.

Esperando que la entrega de este pedido se efectúe
rápidamente y con su **cuidado*** habitual, les saluda muy
atentamente

Juan Muñoz
Director

[1]   non-return valves

a) How does Sr Muñoz know that the goods he wants are in stock?
b) How does he want the goods to be sent?
c) How do you know that he feels he can rely on his supplier?

Drills

Complete the sentences as in the examples. Make changes in tense and agreement where necessary:

1) Después de haber examinado su / folleto / tenemos el gusto de hacerle el siguiente pedido: / 25 bolsas de viaje.

   a) carta / yo / 30 ventiladores de automóvil.
   b) catálogo / el Sr Cortés / 10 compresores a pedal.
   c) folleto / nuestros clientes / 15 **estuches de herramientas***.
   d) lista / nosotros / 35 dispensadores de bebidas.

2) Habiendo examinado el / catálogo / que / nos / envió recientemente nos complace adjuntar el siguiente pedido de sus / faldas-pantalón.

   a) lista / me / **planchas a vapor***.
   b) folleto / al Director / **mesitas nidos***.
   c) catálogo / nos / **colgadores de zapatos***.
   d) carta / me / paños de cocina.

3) Nos / complace hacer un pedido de / 40 toallas de playa "California".

   a) Me / 25 **albornoces de baño***.
   b) Al Sr Rivas / 40 **vaqueros tejanos***.
   c) Me / 20 auriculares estéreos.
   d) Nos / 10 **relojes despertador*** "Stop".

Grammar Check

1) Carta 3.1: Note the infinitive construction of the Present Perfect after **después de**. The Present Perfect is formed by using the present of **haber** (**he, ha, hemos, han**) and the past participle of the verb. The past participle is formed by adding **-ado** to the stem of **-ar** verbs and **-ido** to the stem of **-er** and **-ir** verbs. Check your Grammar book for verbs with irregular past participles.

2) In Carta 3.2 note the use of the Gerund (functioning like a present participle) with the past participle, **Habiendo examinado......** Another example in the text of the Gerund is in Carta 3.4: **Esperando que.......** .

3) In Carta 3.1 note the use of the Present Subjunctive of **ser (sea)** after the verb of emotion **esperar, Esperamos que éste sea.....** Compare this with Carta 3.4: **Esperando que la entrega de este pedido se efectúe....** where a reflexive is used.

4) In Carta 3.2 note the use of the 3rd person singular polite form of the Past tense: **...el catálogo que nos envió...** The Past Tense is more fully dealt with in Unit 6.

Ejercicio 3.1

Complete the following letter from a client to a supplier placing an order for 100 CX-143 spark plugs to be sent by rail.

```
Muy señor nuestro:

Habiendo ..... ..... ..... que ..... .....

....., nos complace ..... ..... .....

..... de 100 bujías CX143/2. Le rogamos

que envíen la mercancía por ...... Le

..... .....

Luis Ortúar

Jefe de Compras.
```

Ejercicio 3.2

Re-order the following to make a letter similar to Letters 3.1. – 3.4:

```
que la entrega de este pedido
```

```
la mercancía por avión. Esperando
```

```
haber examinado su folleto con
```

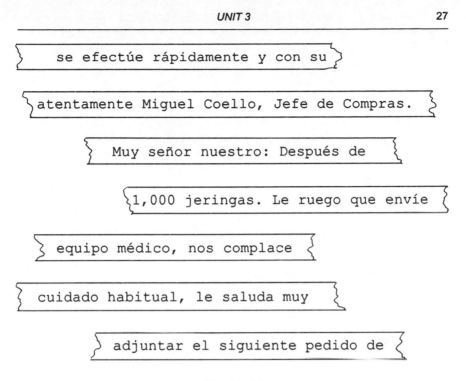

se efectúe rápidamente y con su

atentamente Miguel Coello, Jefe de Compras.

Muy señor nuestro: Después de

1,000 jeringas. Le ruego que envíe

equipo médico, nos complace

cuidado habitual, le saluda muy

adjuntar el siguiente pedido de

Ejercicio 3.3

Write a letter in Spanish from Mr K Morell, the Chief Buyer of
Techtronics plc (UK), 9, Royal Exchange Buildings, Fisher Street,
London EC3, Tel: (07) 3425465, Fax: (07) 98753 to D. Xavier Vázquez
Caballero, the Sales Manager of CONEX, (Exportadores de piezas de
recambio[1]) of Paseo de la Castellana, 34, 5°, 1687 Cuenca, Spain.
Include the date and references and mention that:

- you have examined their catalogue;
- you include an order for 150 gaskets[2];
- you would like the goods to be sent by air;
- you hope this will mark the beginning of a continuing
  relationship between your two companies.

[1] spare parts
[2] juntas de culata

Study the model letters, answer the questions and complete the exercises.

Carta 4.1

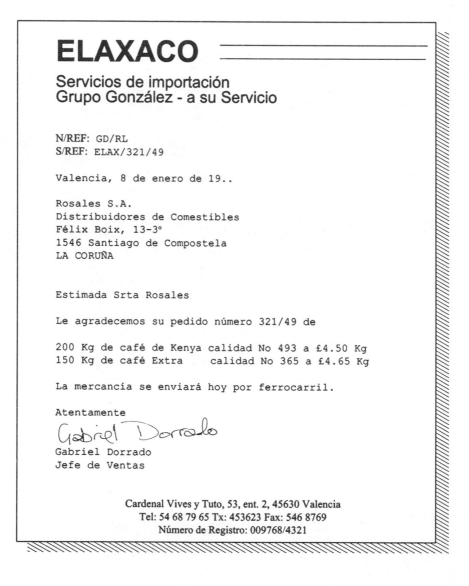

ELAXACO

Servicios de importación
Grupo González - a su Servicio

N/REF: GD/RL
S/REF: ELAX/321/49

Valencia, 8 de enero de 19..

Rosales S.A.
Distribuidores de Comestibles
Félix Boix, 13-3°
1546 Santiago de Compostela
LA CORUÑA

Estimada Srta Rosales

Le agradecemos su pedido número 321/49 de

200 Kg de café de Kenya calidad No 493 a £4.50 Kg
150 Kg de café Extra   calidad No 365 a £4.65 Kg

La mercancía se enviará hoy por ferrocarril.

Atentamente

Gabriel Dorrado
Jefe de Ventas

Cardenal Vives y Tuto, 53, ent. 2, 45630 Valencia
Tel: 54 68 79 65 Tx: 453623 Fax: 546 8769
Número de Registro: 009768/4321

a) What sort of company do you think Elaxaco is?
b) When does Sr Dorrado say the goods will be sent?

Carta 4.2

Señor:

Acusamos recibo de su carta del 4 de noviembre y del
pedido adjunto.

Le informaremos tan pronto como podamos que confirmar
la mercancía se ha enviado.

Agradeciéndole una vez más su pedido, le saluda
atentamente

Benito de Riscal
Jefe de Ventas

a) What was included in the letter written on 4 November?
b) Why will Sr Riscal soon be writing to his client again?

Carta 4.3

Muy señores míos:

Acuso recibo de su pedido del 15 de los corrientes
correspondiente a:

Láminas de aluminio
Contrachapado de polietileno[1]

Tenemos todos estos artículos en almacén[2] y estarán
listos* para ser enviados a finales de la semana que
viene.

Les saluda atentamente

Carlos Biagorri.

[1] polyethylene laminate
[2] in stock

a) When will Sr Biagorri be able to send the order?

Carta 4.4

Muy señora nuestra:

Nos complace informarla de que hemos recibido su pedido No
264/3613 del 6 de junio.

Los paquetes llegarán antes del final del mes. Les
agradeceremos que nos informe cuando llegue la mercancía.
Esperando que esto sea de su agrado[1],

le saluda atentamente

Luis Secades
Jefe de Exportación

[1] is to your liking

a) When will the goods arrive?
b) What is the arrangement that Sr Secades refers to in the
    last sentence?

Drills

Complete the sentences as in the examples. Make changes in tense and agreement where necessary. Do not include the pronouns in brackets.

1) Les / agradecemos / su pedido número / 321/49 / de / **sartén*** con tapa de vidrio.

   a) Les / (yo) / 4-9A / **bañador*** con **estrellitas*** y rayas de colores.
   b) Les / (ella) / 0001-8 / juguetes no tóxicos — 10 **muñecos*** con biberón, 10 muñecos de goma.
   c) Les / (ellas) / A453.7 / 20 **respaldos*** de madera.
   d) Les / (nosotros) / B/452 / alarmas de coche.

2) La mercancía / se / enviará / hoy / por ferrocarril.

   a) Los paquetes / mañana / **furgoneta***.
   b) La entrega / al final de la semana que viene / ferrocarril.
   c) Los contenedores / mañana, el día ocho, / avión.
   d) El cajón / pasado mañana / servicio de transporte ordinario.

3) Le / agradeceremos / que / nos / informe / cuando / llegue / la mercancía.

   a) (yo) / los contenedores.
   b) Los clientes / la entrega.
   c) (nosotros) / paquetes.
   d) el Sr Fidalgo / el cajón.

Grammar Check

1) Carta 4.1: **La mercancía se enviará....** Note the use of the reflexive **se** with the future to give a passive meaning, "the goods will be sent.." Also in Carta 4.2: **la mercancía se ha enviado,** where **se** is used with the Present Perfect to express "has been sent"

2) In Carta 4.4 note the use of the Present Subjunctive after **agradeceremos que: Le agradeceremos que nos informe cuando llegue....** Note also the use of the Present Subjunctive after **cuando** when refering to the future, as well as the addition of **u** to **llegar** because the stem of the verb ends in **-gar.**

3) Revise the following adverbs:

"más" (more) in Carta 2.1: **..si necesita más información.**
"de nuevo" (again) in Carta 2.1: **..con nosotros de nueve..**
"como" (as) in Carta 2.2: **Como contestación a su carta**
"mucho" (very much) in Carta 2.3: **Le agradecemos mucho..**
"después de" (after) in Carta 3.1: **Después de haber examinado su folleto...**
"cuando" (when) in Carta 4.4: **...cuando llegue la mercancia.**

Ejercicio 4.1

Complete the following letter from a supplier to a client thanking him for his order of 4 three-piece suites and 4 kitchen units.

```
Muy señores nuestros:

Les ..... ..... ..... No. 321/49 de 4

juegos de diván y dos sillones y 4

elementos de cocina. Tenemos ..... .....

..... ..... ..... y estarán ..... .....

..... ..... la semana ..... ...... La

mercancía ..... ..... ..... .....

ferrocarril. Esperamos que ..... .....

..... ..... agrado. Le ..... atentamente

Miguel de Ardoz

..... ..... Ventas.
```

Ejercicio 4.2

Re-order the following to make a letter similar to Letters 4.1. – 4.4.

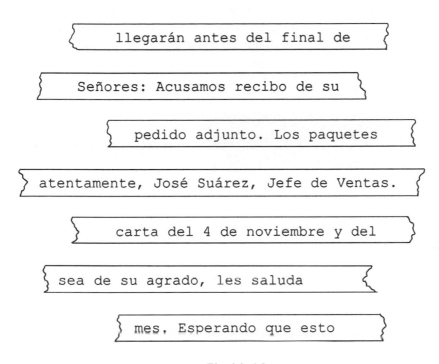

llegarán antes del final de

Señores: Acusamos recibo de su

pedido adjunto. Los paquetes

atentamente, José Suárez, Jefe de Ventas.

carta del 4 de noviembre y del

sea de su agrado, les saluda

mes. Esperando que esto

Ejercicio 4.3

Write a letter in Spanish from Pedro Hernández, the Director of Auto Urquilo S.A. (who deals with car accessories[1]) of Diagonal, 355-80, 08023 Barcelona, Tel: 310 7700, Tx: 56423, Fax: 301 7845 to Rentocar, a car-hire firm[2], of Av. Plencia, 43, Edif. Océano, 29701, Málaga. Say that:

- you received their present order for 11 sets of matching seat covers with stainproof, non-slip backing;[3]
- the delivery will take place as soon as possible;
- the consignment will be delivered at the end of the month;
- you would be grateful if they would let you know when the goods arrive.

[1] Componentes para automóviles ("Todo para el Automóvil")
[2] Alquiler de automóviles.
[3] conjuntos coordinados 11 piezas (antimanchas, reverso antideslizante)

Packing and transport —
Embalaje y transporte

Study the model letters, answer the questions and complete the exercises.

Carta 5.1

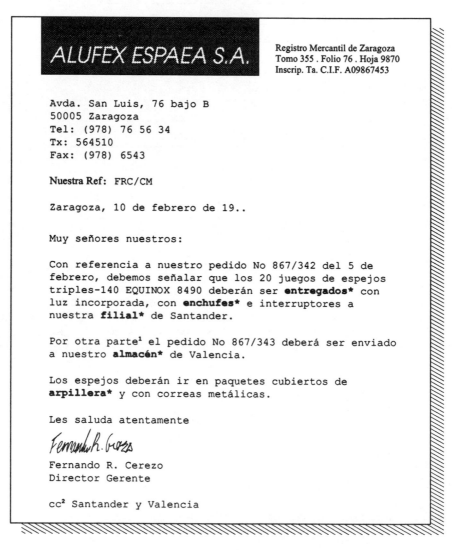

ALUFEX ESPAEA S.A.

Registro Mercantil de Zaragoza
Tomo 355 . Folio 76 . Hoja 9870
Inscrip. Ta. C.I.F. A09867453

Avda. San Luis, 76 bajo B
50005 Zaragoza
Tel: (978) 76 56 34
Tx: 564510
Fax: (978) 6543

Nuestra Ref: FRC/CM

Zaragoza, 10 de febrero de 19..

Muy señores nuestros:

Con referencia a nuestro pedido No 867/342 del 5 de febrero, debemos señalar que los 20 juegos de espejos triples-140 EQUINOX 8490 deberán ser **entregados*** con luz incorporada, con **enchufes*** e interruptores a nuestra **filial*** de Santander.

Por otra parte[1] el pedido No 867/343 deberá ser enviado a nuestro **almacén*** de Valencia.

Los espejos deberán ir en paquetes cubiertos de **arpillera*** y con correas metálicas.

Les saluda atentamente

Fernando R. Cerezo

Fernando R. Cerezo
Director Gerente

cc[2] Santander y Valencia

---

[1] on the other hand   [2] copies to

a) Is this letter from a client or a supplier?
b) What kind of mirror do you think Sr Cerezo is referring to?
c) Where must order No. 867/343 be sent?
d) How would Sr Cerezo like the second item to be packed?

Carta 5.2

```
Señores:

Acusamos recibo de su pedido del 5 de enero.

La mercancía se enviará mañana, de acuerdo con¹ sus
instrucciones, a su almacén de Pamplona.

Todo el embalaje llevará claramente marcado arriba y abajo
el símbolo internacional "Fragile".

Les agradecemos su pedido y quedamos a su entera
disposición.

Les saluda atentamente


Pedro de Eizaguirre
Director de Ventas al Extranjero
```

[1] in accordance with, according to

a) Who is this letter from: a client or a supplier?
b) What is Sr Eizaguirre's position?
c) Where are the goods being sent?
d) What does he say about the packing?

Carta 5.3

Muy señores nuestros:

Con referencia a su carta del 8 de agosto, adjuntamos
los detalles del envió de nuestro pedido No. A/765.

Cada artículo deberá ser embalado en una caja especial
para evitar el **riesgo* de daños** durante el transporte.

Les rogamos que hagan la entrega, acompañada de factura
por duplicado, al almacén de nuestro agente.

Les saluda atentamente.

Patricio Berges

a) Who is this letter from?
b) What does the letter request?
c) What will the shipper do with the goods?

Carta 5.4

Muy señora nuestra:

Como solicitaba en su carta del 8 de marzo, le enviamos
20 cajas de **caracoles*** comestibles de 50 Kg por
contenedor refrigerado del puerto de Bilbao a Dover.

Esperamos que lleguen con rapidez y en buenas
condiciones, que aprecien la calidad de nuestros
productos y que tengamos la oportunidad de servirla de
nuevo en el futuro. Le saluda atentamente

Manuel Ortúzar
Director

a) What was the purpose of the letter written on 8 March?
b) How can you tell that Sr Ortúzar is particularly keen to
   please these customers?

Drills

Complete the sentences as in the examples. Make changes in tense and agreement where necessary

1) Con referencia a nuestro pedido del / 5 de marzo / debemos señalar que / **los distribuidores automáticos*** / deberán / ser entregados / a / nuestra / filial / de Santander.
   a) 9 de julio / me / **valija*** / **sucursal*** de ventas / Alicante.
   b) 18 de agosto / nos / **marcos*** de aluminio / almacenes / Algeciras.
   c) 26 de octubre / me / **remolcador** / fábrica / Madrid.
   d) 14 de diciembre / nos / prismáticos con estuche / **taller*** de reparaciones / Coslada.

2) La mercancía / se / enviará / de acuerdo con sus instrucciones, a su / almacén / de / Pamplona / lo antes posible.
   a) envío / almacén / Madrid.
   b) contenedores / **tienda*** / Sotogrande.
   c) cajón / **almacenes*** / Oviedo.
   d) **secadora centrífuga*** / sala de muestras / Cádiz.

3) Como solicitaba en su / carta / del 8 de marzo / le enviamos / los conjuntos 2 piezas impermeables / por servicio de cargamento / de Bilbao a Dover.
   a) llamada telefónica / 27 de junio / ordenadores / ferrocarril / Madrid a Pamplona.
   b) télex / 28 de enero / jardineras (2 pisos) / avión / Barcelona / Gatwick.
   c) comunicación / 7 de febrero / manteles (tamaño 150 cm) / mar / Bilbao / Newhaven.
   d) fax / 18 de agosto / edredones nórdicos / carretera / Barcelona / Perpignan.

Grammar Check

1) In letter 5.1 note the very common construction **deber + ser + past participle**, (must be + past participle) which agrees in number with the subject, eg **...deberán ser entregados...** and in Carta 5.3: **..deberá ser embalado...**

2) Letter 5.4: **Como solicitaba....** Revise the Imperfect Tense which is formed by adding the following endings to the infinitive stem. **-ar** verbs: **-aba, -aba, ábamos, -aban**: **-er** and **-ir** verbs: **-ía, -ía, -íamos, -ían**. There are three important irregular forms: **ir** (to go) **iba, iba, íbamos,**

> **iban: ser** (to be) **era, era, éramos, eran; ver** (to see)
> **veía, veía, veíamos, veían.** Note that the Imperfect of
> **querer** (to want), **creer** (to believe), **poder** (to be able to),
> **esperar** (to hope), **tener** (to have) and **saber** (to know) is
> used more frequently than the Past.

3) In letter 5.1: **..enchufes e interruptores...** note the change of
y (and) to **e** before a soft vowel (i, hi).

Ejercicio 5.1

Complete the following from a supplier to a client concerning a
consignment to be delivered to a branch in Narbonne.

```
Muy señores nuestros:

Con  .....  .....  .....  ..... No A/54 del 9

de marzo  .....  ..... que el envío .....

.....  ..... a .....  ..... de Narbonne.

Todo el  .....  .....  ..... marcado arriba y

abajo el  .....  .....  ..... "Fragile" y

"Mantengan de pie". Le  .....  .....  ..... y

quedamos a su  .....  ......

Les  .....  .....

José Ramón Baró,

Director Gerente.
```

Ejercicio 5.2

Re-order the following to make a letter similar to Letters 5.1 – 5.4:

> de nuevo en el futuros. Les saluda

> el transporte. Esperamos que

> mañana, de acuerdo con sus

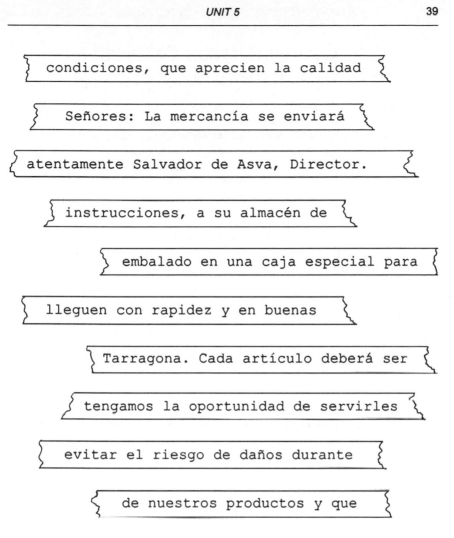

condiciones, que aprecien la calidad

Señores: La mercancía se enviará

atentamente Salvador de Asva, Director.

instrucciones, a su almacén de

embalado en una caja especial para

lleguen con rapidez y en buenas

Tarragona. Cada artículo deberá ser

tengamos la oportunidad de servirles

evitar el riesgo de daños durante

de nuestros productos y que

Ejercicio 5.3

Write a letter in Spanish from don Ramón Eléxpuru, the Director of FECCA S.A. at Ctra. de Ribes, Ronda San Pedro, 8, 4808 Bilbao, Tel: 031 95640, Tx: 45698 to Mr B. Green (with whom he has had many dealings), the Sales Manager of Supply-Systems, 34, Beachy Head Road, Bedworth, Kent KNJ1.

- include the date and references;
- say that you are sending the shipping details for their order No. 23/1A in reply to their letter of 20 September;
- add that you hope they will arrive quickly and in good condition;
- end appropriately by saying that you hope they will appreciate the quality of your products and that you will have a chance to have dealings with them again in the future.

Confirmation of delivery —
Confirmación de Entrega

Study the model letters, answer the questions and complete the exercises.

Carta 6.1 :

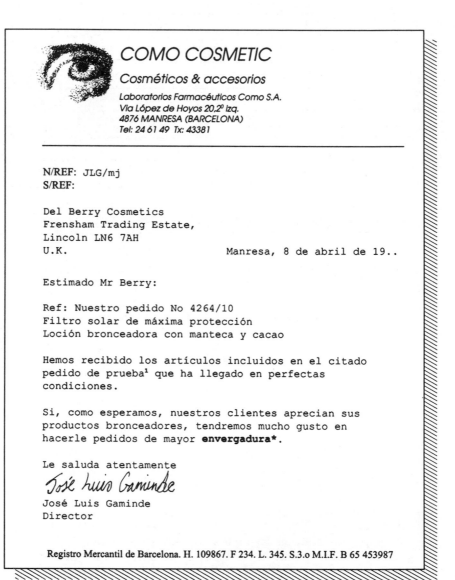

COMO COSMETIC

Cosméticos & accesorios

Laboratorios Farmacéuticos Como S.A.
Vía López de Hoyos 20,2º Izq.
4876 MANRESA (BARCELONA)
Tel: 24 61 49 Tx: 43381

N/REF: JLG/mj
S/REF:

Del Berry Cosmetics
Frensham Trading Estate,
Lincoln LN6 7AH
U.K.   Manresa, 8 de abril de 19..

Estimado Mr Berry:

Ref: Nuestro pedido No 4264/10
Filtro solar de máxima protección
Loción bronceadora con manteca y cacao

Hemos recibido los artículos incluidos en el citado pedido de prueba[1] que ha llegado en perfectas condiciones.

Si, como esperamos, nuestros clientes aprecian sus productos bronceadores, tendremos mucho gusto en hacerle pedidos de mayor **envergadura***.

Le saluda atentamente

José Luis Gaminde
Director

Registro Mercantil de Barcelona. H. 109867. F 234. L. 345. S.3.o M.I.F. B 65 453987

[1] trial order

a) What was the purpose of this letter?
b) Will Sr Gaminde place any more orders with this
   company?

Carta 6.2

Muy señores nuestros:

Les agradecemos su envío del 26 de junio que llegó esta
mañana en buenas condiciones y en la fecha acordada. La
factura y la mercancía **concuerdan*** perfectamente.

Esperamos poder hacerles otro pedido idéntico muy
pronto.

Atentamente

Nicolás Salinas
Director

---

a) How do you know that Sr Salinas is in a hurry for the
   goods?
b) What came with the goods?
c) Is he going to re-order?

Carta 6.3

Muy señores nuestros:

Acusamos recibo de las lociones para después del
afeitado* Samarkand No 1 y Jamaica No 3 que pedimos
hace dos semanas (Nos 10 y 11 de nuestro pedido No
3692).

Nuestra furgoneta **recogió*** ayer estos artículos del
puerto.

Esperando que el resto de la mercancía sea entregado
pronto, les saluda atentamente

Modesto de Velasco
Jefe de Compras.

a) How long did Sr Velasco have to wait for his order to
   arrive?
b) How was it sent?
c) Has he received all the goods he ordered?

Carta 6.4

Ref: N/pedido No 42691
50 armarios de pared 8240: **Bisagras*** a la derecha.

Muy señora nuestra:

Acusamos recibo del primer envío por ferrocarril de los
armarios de pared.

Nos complace confirmar que el primer lote **casa***
perfectamente con la nota de entrega.

En un futuro próximo recibirán un nuevo pedido.

Atentamente

Rafael Rodríguez-Cirera
Jefe de Importación.

a) How did the goods arrive?
b) How did Sr Rodríguez-Cirera make sure that everything was in order?

Drills

Re-write the following sentences using the items listed. Make changes in tense and agreement where necessary. Do not include the pronouns in brackets.

1) Hemos / recibido / los artículos / incluidos en el citado pedido de prueba que ha llegado en perfectas condiciones.
   a) (yo) / vestidos de tirantes[1] (100% Algodón, Tallas 38-40, Negro).
   b) Los señores Costa y Camarillo / **joyeros** de madera 10x12x18 cm M8 - 1.995 ptas.
   c) Mr Rothwell / dispensadores de bebidas (Fuente de Bruselas) 1.495 ptas.
   d) (nosotros) / bobinas de hilo (50 colores diferentes - cada una de 10m de hilo 100% poliéster). Lo. 20 - 495 ptas.

2) Acusamos recibo de las barbacoas (con soporte de tres pies. Medidas: 40 cm. diam. Ref: R188.N8.12 - 3.996 ptas. que pedimos hace tres semanas.
   a) (yo) / 10 "Dragster" Motos eléctricas 4x4 todo terreno / la semana pasada.
   b) Mr Wright / de 50 porta-documentos (tipo acordeón). Tamaño: 26.5 cm de largo. 795 ptas. / anteayer.
   c) Los clientes / de maletines multiusos de plástico duro especial. Tamaño: 21 cm de alto x 28 cm. de ancho. R. 75 Rosa, R76 Verde, 875 ptas. / la semana pasada.
   d) (nosotros) / candelabros decorativos (en poliestireno cristal glaseado - pie y portavelas metal baño plata). Tamaño: 36 cm de alto. 5 **Brazos***. 1.300 ptas. / el dos del corriente[2].

3) Nuestra / furgoneta / recogió / ayer / estos artículos / del puerto.
   a) Mi camión / anteayer / **linternas*** de coche / aeropuerto.
   b) Nuestros clientes / esta mañana / **cortinillas*** de automóviles / correos.
   c) Mi ayudante / hoy / estuches de lámparas (código europeo y halógenas) / estación de ferrocarril.
   d) Nuestro agente / la semana pasada / zapatos juveniles / almacén.

[1] with shoulder straps
[2] of the current month

Grammar Check

1) Note the use of the Past Tense in Carta 6.2: **...que llegó esta mañana...** and Carta 6.3: **que pedimos hace dos semanas....** and **Nuestra furgoneta recogió....** The Past Tense is usually used with a time marker eg **esta mañana** or **hace** (ago). It is formed by adding **-é, -ó, -amos, -aron** to the stem of **-ar** verbs, and **-í, -ió, -imos, -ieron** to **-er** and **-ir** verbs. Check your Grammar book for the important irregular forms.

2) Read through the previous units again and note the use of the following prepositions:

a (on, to) as in Carta 2.1: **Con referencia a.....** and in Carta 6.4: **Bisagras a la derecha**.
con (with) as in Carta 2.1: **Con referencia...** and Carta 3.1: **..su folleto con sierras..**
en (in, on, at) as in Carta 1.2: **..en la página 43...** and Carta 2.2: **..ponerse en contacto..**

Ejercicio 6.1

Complete the following letter from a client to a supplier regarding an order for 30 video recorders.

```
Estimado Mr Constable:

Ref: pedido No 3265/31, 30 videograbadoras.

Hemos ..... ..... ..... ..... en el .....

..... ..... ..... ..... que ha llegado en

..... ...... Nuestra ..... ..... ayer la

mercancía ..... ..... ..... ferrocarril.

Esperamos ..... ..... ..... pedido

idéntico ..... ......

Le ..... .....

Roberto Esparza

Director.
```

Ejercicio 6.2

Re-order the following to make a letter similar to Letters 6.1 – 6.4:

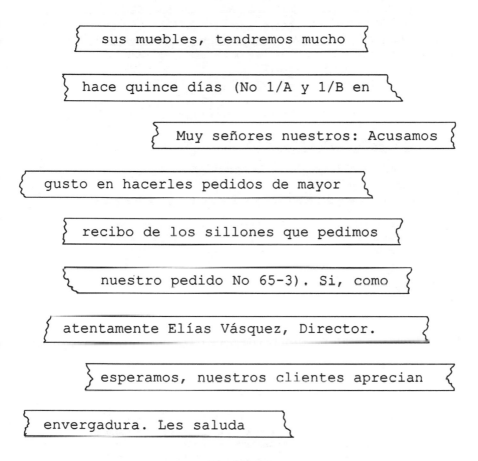

sus muebles, tendremos mucho

hace quince días (No 1/A y 1/B en

Muy señores nuestros: Acusamos

gusto en hacerles pedidos de mayor

recibo de los sillones que pedimos

nuestro pedido No 65-3). Si, como

atentamente Elías Vásquez, Director.

esperamos, nuestros clientes aprecian

envergadura. Les saluda

Ejerciciio 6.3

Write a letter in Spanish from J. Robertson, the Chief Buyer of Delmon Garden Centre, Podmore Road, Hastings, East Sussex, BN23 2PX, Tel: (0323) 675342 Fax: 98563 to Doña Clara de Rey of Jardín Ibérica S.A. (Herramientas y equipos de jardín) at Apdo.[1] 3300, 6570 Las Palmas, Gran Canaria, saying that:

- you acknowledge the arrival by rail of the first part of the consignment of garden furniture sets;[2]
- the invoice and the goods tally perfectly;
- you hope the rest of the merchandise will be delivered soon.

[1] Apartado – P.O. Box
[2] conjuntos muebles terraza y jardín

Complaints — Quejas

Study the model letters, answer the questions and complete the exercises.

Carta 7.1

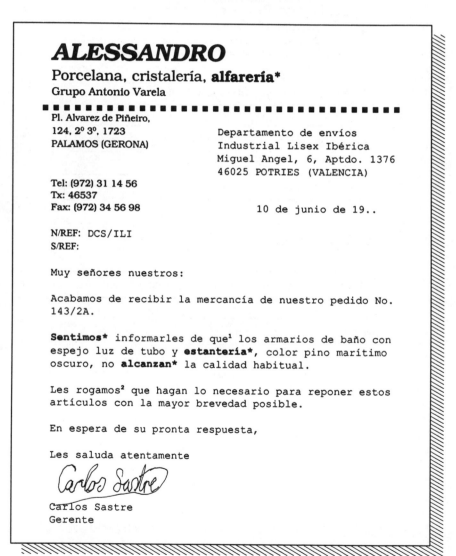

ALESSANDRO

Porcelana, cristalería, **alfarería***

Grupo Antonio Varela

■■■■■■■■■■■■■■■■■■■■■■■■■■■■■■■

Pl. Alvarez de Piñeiro,
124, 2º 3º, 1723
PALAMOS (GERONA)

Departamento de envíos
Industrial Lisex Ibérica
Miguel Angel, 6, Aptdo. 1376
46025 POTRIES (VALENCIA)

Tel: (972) 31 14 56
Tx: 46537
Fax: (972) 34 56 98

10 de junio de 19..

N/REF: DCS/ILI
S/REF:

Muy señores nuestros:

Acabamos de recibir la mercancía de nuestro pedido No. 143/2A.

Sentimos* informarles de que[1] los armarios de baño con espejo luz de tubo y **estantería***, color pino marítimo oscuro, no **alcanzan*** la calidad habitual.

Les rogamos[2] que hagan lo necesario para reponer estos artículos con la mayor brevedad posible.

En espera de su pronta respuesta,

Les saluda atentamente

Carlos Sastre
Gerente

---

[1] We are sorry to inform you that..
[2] Could you please..

a) Has Sr Sastre dealt with Industrial Lisex Ibérica before?
b) What is his complaint?
c) What does he want the company to do?

Carta 7.2

```
Muy señores nuestros:

Lamentamos tener que informarles¹ de que su envío de
equipo de pesas de entrenamiento* ha llegado en muy
malas condiciones.

Comprenderán nuestro descontento y el hecho de que les
devolvemos* la mercancía dañada, la que esperamos que
repongan inmediatamente,

Les saluda atentamente


Jesús Vique
```

¹ We regret to have to inform you...

a) Is Sr Vique returning the whole consignment?
b) What does he want done?
c) How do you know that he is in a hurry?

Carta 7.3

Estimado Mr Read:

Acusamos recibo de los sofás **de pino macizo*** que nos ha enviado de acuerdo con nuestro pedido del 5 del corriente.

A pesar de que las cajas estaban intactas, cuando las abrimos **descubrimos*** que algunas de las piezas estaban **rotas***.

Hemos informado al transportista de los daños causados a estos muebles y hemos guardado las cajas y su contenido para que pueda inspeccionarlos.

Le saluda atentamente

García Juan Lafuente

a) When did Sr Lafuente find out that some of the items were damaged?
b) Who has he reported the problem to?
c) Why is he keeping the damaged goods?

Carta 7.4

Muy señores míos:

Su envío llegó por fin[1] ayer del almacén del aeropuerto.

Lamento tener que informarles que la mercancía ha llegado en muy malas condiciones.

Por lo tanto les agradecería que envíaran[2] a su representante lo antes posible para que verifique la situación por sí mismo.

Les saluda atentamente

Elías Coteño
Director Gerente
Eurosystems S.A.

[1] at last   [2] if you would send

a) How do you know that Eurosystems have been waiting some time for their goods?
b) What does Sr Coteño refer to in paragraph 3?
c) What is his position?

Drills

Re-write the following sentences using the items listed. Make changes in tense and agreement where necessary. Do not include the pronouns in brackets.

1) A pesar de que las / cajas / estaban intactas, cuando / las abrimos descubrimos / que / un cierto número de piezas / estaban / rotas.

   a) **fajos*** / (yo) / la mayor parte de las piezas / **estropeadas***.
   b) contenedor / Sr Rosales / media docena de las piezas / dobladas.
   c) paquetes / (ellos) / todas las piezas / **destrozadas***.
   d) caja / (nosotros) / la escritura / ilegible.

2) Acusamos / recibo / del termo / que / nos ha enviado / de acuerdo con / nuestro / pedido del / día 10 del mes corriente.

   a) (nosotros) / **especieros*** (12 frascos de cristal con **cierre*** hermético) / hace dos semanas.
   b) Mr Bridges / tabla de surf / 8 de agosto.
   c) Los señores de Escoda / nuevo coche / fecha 21 de enero.
   d) (yo) / **chandales*** / semana pasada.

3) Lamentamos / tener que informarle de que su envío de / juegos de sábanas con estampado "Paris" / llegó / ayer en muy malas condiciones.

   a) (yo) / contenedores de bicicletas / anteayer rotos.
   b) El gerente / paquetes de patatas fritas / hoy **enmohecidos***.
   c) Los socios / caja de cartón de **manzanas*** / hace tres días en malas condiciones.
   d) (nosotros) / envío de **caballa*** / hoy defectuoso.

Grammar Check

1) In Carta 7.1: **Sentimos informarles....** and Carta 7.2 **Sentimos informarle...** (and in many other examples to be found in the preceding Units) note that when the verb is an

infinitive, imperative or present participle, the direct object pronouns are suffixed to the end of the verb.

2) In Carta 7.4 note the use of **tener + que + infinitive** to indicate obligation: **..Lamento tener que informarles...** (I regret to have to inform you...). Note also that **su** changes to **sí** after a preposition, as in **..por sí mismo.** In the same letter, note that the "c" of **verificar** changes to "qu" in the Present Subjunctive.

3) Read the previous units again and note the use of the following prepositions:

"sobre" (on, about) in Carta 2.1: **..un folleto ilustrado completo sobre nuestra gama...**
"con" (with) in Carta 2.2: **..contacto con nosostros...**
"en" (in) in Carta 2.3: **..su interés en nuestros modelos...**
"para" (for) in Carta 2.3: **...para el almacenaje de alimentos ...**
"entre" (between) in Carta 3.1: **..una relación .... entre nuestras dos compañías.**
"por" (by) in Carta 3.3: **..por ferrocarril.**

Ejercicio 7.1

Complete the following letter from a client to a supplier, complaining that some boxes were damaged on arrival.

```
Muy señores nuestros:

Acabamos ..... ..... ..... ..... ..... a

nuestro pedido No. 187/A. A pesar de que

..... ..... ..... ....., cuando las .....

..... que ..... ..... ..... ..... estaban

rotas. Por lo tanto ..... ..... .....

..... ..... ..... ..... lo antes posible

para que ..... ..... ..... por sí mismo.

Les ..... ......

Carlos Abascal,

Gerente.
```

Ejercicio 7.2

Re-order the following to make a letter similar to Letters 7.1 – 7.4:

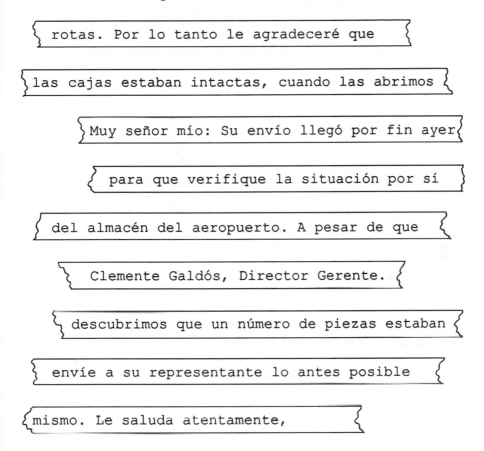

```
rotas. Por lo tanto le agradeceré que
```

```
las cajas estaban intactas, cuando las abrimos
```

```
Muy señor mío: Su envío llegó por fin ayer
```

```
para que verifique la situación por sí
```

```
del almacén del aeropuerto. A pesar de que
```

```
Clemente Galdós, Director Gerente.
```

```
descubrimos que un número de piezas estaban
```

```
envíe a su representante lo antes posible
```

```
mismo. Le saluda atentamente,
```

Ejercicio 7.3 :

Write a letter in Spanish from don José Marull, the Managing Director of INTERNACIONAL BILAS S.A., part of the Alliax Group, at Avda. Valladolid, 76 bajo, 20768 ARECHAVALETA (GUIPUZCOA), Tel: 420 3452, Tx: 22187, Fax: 420 2387, for the attention of don Pedro Alcolea of EUROMAT AUTOMATION at Plza. La Habana, 23,1º. D., 08786 BARCELONA. Include the date, references and your order number. Mention that:

- you have received the air conditioners[1] in accordance with your order;
- unfortunately, you have to report that the goods arrived in a very bad condition;
- you are returning the faulty goods;
- you would like replacements straight away.

[1]   climatizadores

Replies to complaints — Disculpas y respuestas a quejas

Study the model letters, answer the questions and complete the exercises.

Carta 8.1

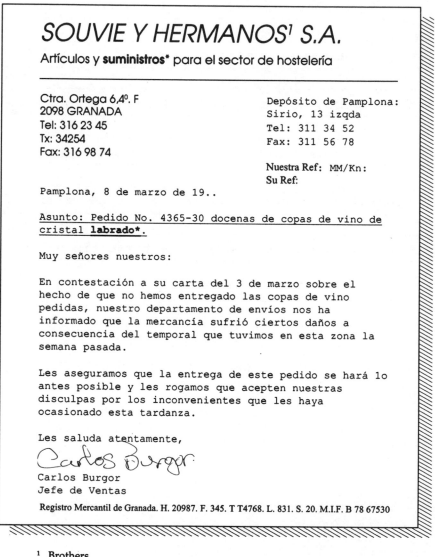

SOUVIE Y HERMANOS[1] S.A.

Artículos y **suministros*** para el sector de hostelería

Ctra. Ortega 6,4º. F
2098 GRANADA
Tel: 316 23 45
Tx: 34254
Fax: 316 98 74

Depósito de Pamplona:
Sirio, 13 izqda
Tel: 311 34 52
Fax: 311 56 78

Nuestra Ref: MM/Kn:
Su Ref:

Pamplona, 8 de marzo de 19..

Asunto: Pedido No. 4365-30 docenas de copas de vino de cristal **labrado***.

Muy señores nuestros:

En contestación a su carta del 3 de marzo sobre el hecho de que no hemos entregado las copas de vino pedidas, nuestro departamento de envíos nos ha informado que la mercancía sufrió ciertos daños a consecuencia del temporal que tuvimos en esta zona la semana pasada.

Les aseguramos que la entrega de este pedido se hará lo antes posible y les rogamos que acepten nuestras disculpas por los inconvenientes que les haya ocasionado esta tardanza.

Les saluda atentamente,

Carlos Burgor
Jefe de Ventas

Registro Mercantil de Granada. H. 20987. F. 345. T T4768. L. 831. S. 20. M.I.F. B 78 67530

[1] Brothers

a) How did Sr Burgor find out what had happened to the order?
b) Why was the order not received promptly?
c) What is he going to do about it?

Carta 8.2

Estimada Miss Colley:

Lamentamos no haber podido enviarle todavía las
etiquetas para los discos de ordenador.

Las tenemos en almacén pero no encontramos ninguna
factura a su nombre. A fin de localizarla le rogamos
que nos indique la fecha y el número de su pedido.

En cuanto[1] recibamos su respuesta, le aseguramos que
prestaremos toda nuestra atención a este asunto.

Le saluda atentamente

Fernando Gumucio

[1] As soon as

a) Why has Sr Gumucio been unable to send the goods?
b) What does he want his client to do?
c) How does he show that he values this particular client's custom?

Carta 8.3

Muy señores nuestros:

Acabamos de darnos cuenta de[1] que les hemos **cobrado***
£400 de más. Adjuntamos una nota de crédito para cubrir
esta **suma***.

En estos momentos estamos cambiando de ordenadores y
por eso, en algunos casos, hemos facturado dos veces.

En cuanto la situación vuelva a la normalidad,
esperamos poder seguir como de costumbre y les rogamos
que acepten nuestras disculpas por la **molestia.***

Les saluda atentamente,

Rosa Clemente Iraizoz
Departamento Cuentas de Clientes

[1] We have just realised...

a) Why has Sra Iraizoz sent her client a credit note?
b) Why has there been some duplication?

Carta 8.4

Estimada señora:

Lamentamos mucho que los marcos de madera para
colchones* de muelles* que le enviamos por ferrocarril
se soltaron* durante el viaje y por lo tanto, llegaron
rotos.

Le rogamos que acepte nuestras disculpas por este
incidente, que fue **debido*** a la falta de cuidado de un
embalador nuevo.

Por supuesto que aceptamos toda responsabilidad por los
daños y repondremos la mercancía inmediatamente.

De nuevo le pedimos disculpas por las molestias que
haya sufrido.

Le saluda atentamente

Ignacio Fidalgo
Departamento de Envíos

a) What happened to the articles?
b) Whose fault was it?
c) What has Sr Fidalgo done about the problem?

Drills

Re-write the following sentences using the items listed. Make changes in tense and agreement where necessary. Do not include the pronouns in brackets.

1) En contestación a su / carta / del 3 de marzo / sobre el hecho de que no hemos entregado / las copas de vino, / nuestros distribuidores / nos / han informado / que /la mercancía / sufrió ciertos daños / a consecuencia del temporal.

   a) fax / 21 de octubre / libros de texto, / mi colega / cajas / estropeadas / inundación.
   b) comunicación / 19 de noviembre / Bermudas (con pinzas y cintura elástica), / el gerente del almacén / Mr Jackson / **tela*** / **chamuscada*** / incendio.
   c) llamada telefónica / 30 de diciembre / clasificadores de cartas / los **mayoristas*** / nos / marcos / rotos / empacadoras.
   d) télex / 15 de abril / **revistas*** "Primavera", / nuestro gerente / me / **portadas*** / se **rompieron*** / máquina elevadora.

2) Lamentamos no haber podido enviarle todavía las toallas de playa "California".

   a) (yo) / camisetas tirantes (rayas azules y 1 lisa azul X004.MB.15).
   b) Nuestro gerente de distribución / aparato gimnasia Ref: R231.N5 – 4.995 ptas.
   c) Mis socios / moldeadores rápidos compactos[1] BRAUN.
   d) (nosotros) / cubos de basura con pedal.[2]

3) Lamentamos mucho que los colchones de muelle que enviamos por ferrocarril llegaron dañados.

   a) El Sr Moreras / aparejo de pescar / carretera / roto.
   b) (yo) / carne de cangrejo congelado / avión / derretida.
   c) Nuestros clientes / cochecitos de niños "Bambi" / mar / **rasguñados***.
   d) (nosotros) / **trinchantes*** / servicio de cargamento regular / torcidos.

[1] compact curling tongs
[2] pedal-bins

Grammar Check

Revise the important irregular forms of the following verbs:

1) **Ser:** Past: **fui, fue, fuimos, fueron**
   Present Subjunctive: **sea, sea, seamos, sean**

   eg Carta 3.1: **Esperamos que esto sea....** Carta 4.4:
   Esperamos que éste sea.... and Carta 8.4: **...que fue debido a...**

2) **Tener:** Present: **tengo, tiene, tenemos, tienen**
   Past: **tuve, tuvo, tuvimos, tuvieron**

   eg Carta 4.3: **Tenemos todos estos artículos....** and Carta
   8.2: **..las tenemos en almacén** and Carta 8.1: **..del temporal
   que tuvimos....**

3) **Haber:** Present Subjunctive: **haya, haya, hayamos, hayan**

   eg Carta 8.1: **...que les haya ocasionado...**, and Carta 8.4: **las
   molestias que haya sufrido.**

4) **Hacer:** Future: **haré, hará, haremos, harán**

   eg Carta 8.1: **...este pedido se hará....**

Note also in Carta 8.3 the use of **estar** and the Present Participle to
form the Present Continuous.

Ejercicio 8.1

Complete the following letter in answer to a client's complaint about
the non-delivery of filing cabinets. Explain that they were damaged
by fire in the warehouse last week.

Muy señores míos:

En .... 3 de

marzo sobre el hecho de que ....

..... los ficheros de referencia, nuestros

distribuidores .... de que la

mercancía .... a consecuencia

del incendio que ....

En cuanto la situación ....

....., esperamos poder ....

..... y les rogamos que ....

por la ......

Les ....

Ramón Lagasca.

Ejercicio 8.2

Re-order the following to make a letter similar to Letters 8.1 – 8.4

les haya causado esta tardanza. Javier

a pedal para uso durante las vacaciones. Les

y les rogamos que acepten nuestras

Muy señores nuestros: Lamentamos no haber

aseguramos que la entrega de este

Vilaclara, Departamento de Distribución.

podido enviarles todavía los compresores

pedido se hará lo antes posible

disculpas por los inconvenientes que

Ejercicio 8.3

Write a letter in Spanish to Casas Fernandez (Artículos para el hogar)
San Erasmo, s/n., Pintor Rosales, 3089 Legazpia (Guipúzcoa) from
Gerald Arkwright, Sales Manager of Turner Brothers plc of Old
Orchard Road, Manchester M7 8LK, U.K. Tel: (061-985634, Telex: 65
34 90). Include the date and references and mention that:

- you have received their letter of 5 November;
- you are sorry that, although you have the goods in stock, you
  were unable to ship their order;
- your excuse for the mistake is that you are changing
  computers and this has caused a certain amount of
  duplication.
- End appropriately by saying that you are sorry for any
  inconvenience the incident may have caused.

Complaints and replies about payment — Quejas y respuestas sobre pagos

Study the model letters, answer the questions and complete the exercises.

Carta 9.1

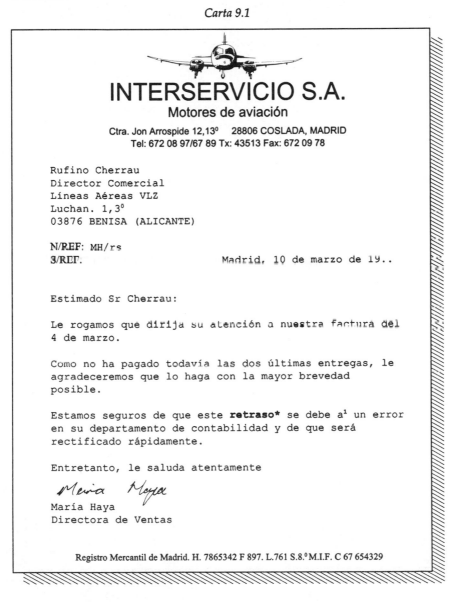

INTERSERVICIO S.A.
Motores de aviación

Ctra. Jon Arrospide 12,13⁰   28806 COSLADA, MADRID
Tel: 672 08 97/67 89 Tx: 43513 Fax: 672 09 78

Rufino Cherrau
Director Comercial
Líneas Aéreas VLZ
Luchan. 1,3⁰
03876 BENISA (ALICANTE)

N/REF: MH/rs
S/REF.   Madrid, 10 de marzo de 19..

Estimado Sr Cherrau:

Le rogamos que dirija su atención a nuestra factura del 4 de marzo.

Como no ha pagado todavía las dos últimas entregas, le agradeceremos que lo haga con la mayor brevedad posible.

Estamos seguros de que este **retraso*** se debe a[1] un error en su departamento de contabilidad y de que será rectificado rápidamente.

Entretanto, le saluda atentamente

María Haya
María Haya
Directora de Ventas

Registro Mercantil de Madrid. H. 7865342 F 897. L.761 S.8.⁰M.I.F. C 67 654329

---

[1] is due to

a) What is Srta Haya's main complaint?
b) What does she suggest is the cause of the problem?

Carta 9.2

Muy señores nuestros:

Sentimos tener que recordarles[1] que no han **liquidado***
todavía nuestra factura No. 896/1A fechada el 8 de agosto.

Les rogamos que se ocupen urgentemente de este asunto.

Si, como esperamos, ya han transferido la suma en
cuestión, les rogamos que se olviden de este aviso.

En espera de sus prontas noticias, les saluda muy
atentamente

Santiago Catalán
p.p. Director Gerente

---

[1] We regret to have to remind you..

a) What is "este asunto" mentioned in the letter?
b) What could be the purpose of the reply to this letter?

Carta 9.3

Estimada señora:

Acusamos recibo de su carta del 12 de setiembre en la
que nos recuerda que hemos pasado el **vencimiento*** para
el pago de sus últimas dos facturas.

En estos momentos tenemos ciertas dificultades económicas,
puramente temporales, y por lo tanto le enviamos la
mitad de la cantidad debida como primer **plazo***.
Enviaremos el resto **dentro*** de los próximos tres meses.

Le agradecemos de antemano[1] su comprensión.

Le saluda atentamente,

Antonio Sánchez Uralde

Anexo: un cheque

---

[1] In advance

a) What was the purpose of the letter written on 12 September?
b) How is the writer trying to overcome the problem?

Carta 9.4

```
Muy señores nuestros:

Acabo de recibir su carta del 8 de enero con relación
al impago de nuestro pedido A/97867.

Como ustedes bien saben, nuestra compañía siempre ha
tenido la honra de saldar*¹ cuentas lo antes posible.

Sin embargo, los daños ocasionados por los temporales
en el sur de Inglaterra han causado graves problemas
económicos por lo que agradeceríamos que nos
concedieran 30 días extra de plazo.

Dándoles las gracias por anticipado, les saluda
atentamente


Rafael Tomás Frechilla
Departamento de Contabilidad
```

[1] been proud of settling...

a) What was the letter of 8 January about?
b) What does "Como ustedes bien saben" suggest?
c) Why has the company had to spend a great deal of money lately?

Drills

Re-write the following sentences using the items listed. Make changes in tense and agreement where necessary. Do not include the pronouns in brackets.

1) Le rogamos / que dirija su atención a / nuestra / factura / del 4 de marzo.

   a) (yo) / estado de cuenta / 8 de junio.
   b) El Sr Trapiella / conocimiento de embarque[1] / 14 de noviembre.
   c) (nosotros) / escritura de venta[2] / 18 de mayo.
   d) Las mayoristas / letra de cambio[3] / 17 de octubre.

2) Sin embargo, / los daños / ocasionados por / los
temporales / han / causado graves problemas económicos
por lo que / les agradeceríamos / que nos concedieran /
30 días / extra de plazo.

  a) retraso / **huelga*** / (yo) / una quincena.
  b) **demora*** / interrupción / la señora Iraizoz / un mes.
  c) obstrucción / helada / los clientes / una semana extra.
  d) daños / **lluvia*** / (nosotros) / algunos dias más.

3) Sentimos / tener que recordarles que no han liquidado
todavia / nuestra factura No. 896-1A / fechada / el 8 de
agosto.

  a) (yo) / cuenta de crédito número 43/A / 16 de julio.
  b) Los socios / facturas números B45 y B46 / 14 de
    octubre.
  c) La Sra Castellana / cuenta por pagar número A-765 / 30
    de febrero.
  d) (nosotros) / cuentas números 12/A y 13/A / 23 de
    marzo.

1 Bill of lading
2 Bill of sale
3 Bill of exchange

Grammar Check

1) Revise the following adverbs and adverbial phrases:

después (after) as in Carta 3.1: **Después de haber
examinado su folleto...**
tan pronto como (as soon as) as in Carta 4.2: **Informarles
tan pronto como ....**
cuando (when) as in Carta 4.4: **...cuando llegue la mercancía.**
con rapidez (soon) as in Carta 5.4: **Esperando que
lleguen con rapidez..**
en un futuro próximo (in the very near future) as in
Carta 6.4: **En un futuro próximo recibirán.....**
muy pronto (very soon) as in Carta 6.2: **...hacerles otro
pedido idéntico muy pronto.**
por fin (finally, at last) as in Carta 7.4: **Su envio llegó
por fin ayer..**
a fin de (in order to) as in Carta 8.2: **A fin de localizarla..**
sin embargo (however, still, nevertheless) as in Carta 9.4:
Sin embargo, los daños ocasionados por.....

2) Note the irregular form of the third person singular of the
Present Subjunctive of **dirigir** in Carta 9.1: **Le rogamos que**

dirija... and of **hacer** in Carta 9.1: **..le agradeceremos que lo haga....**

3) Note also that words that end in **-ema, -ama,** and **-oma** eg **problema** are masculine.

Ejercicio 9.1

Complete the following letter from a supplier complaining to a client about the non-payment of his last consignment of goods.

```
Estimado señor Galdós:

Le rogamos que ..... ..... ..... .....

..... ..... del 12 de febrero. Como no ha

pagado todavía ..... ..... ..... ....., le

agradeceremos que ..... ..... ..... .....

..... brevedad posible. Si, ..... .....,

ya han transferido ..... ..... .....

....., le rogamos que ..... ..... ......

Estamos seguros de que ..... ..... .....

..... ..... ..... ..... en su departamento

de contabilidad y de que ..... .....

......

....., le saluda atentamente,

Carmen López.
```

Ejercicio 9.2

Re-order the following to make a letter similar to Letters 9.1 – 9.4:

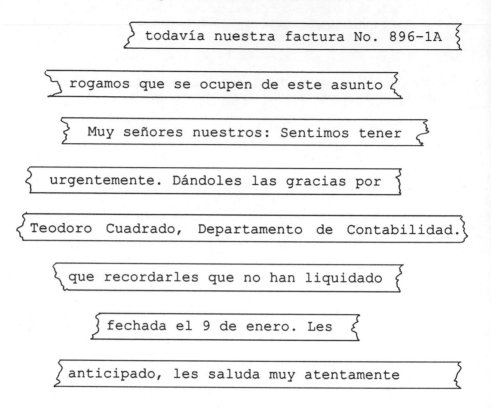

```
todavía nuestra factura No. 896-1A
```

```
rogamos que se ocupen de este asunto
```

```
Muy señores nuestros: Sentimos tener
```

```
urgentemente. Dándoles las gracias por
```

```
Teodoro Cuadrado, Departamento de Contabilidad.
```

```
que recordarles que no han liquidado
```

```
fechada el 9 de enero. Les
```

```
anticipado, les saluda muy atentamente
```

Ejercicio 9.3

Write a letter in Spanish from Mr J. Bressler of MOD INSTRUMENTATION at 8 Lovell Street, Howell Trading Estate, Redhill, Surrey SU7 TW3 (Tel: 076-98657; Telex: 876 343) to don José Mariq, the manager of SERVICIOS TECNICOS EXTERIORES S.A., Gran Vía Carlos 111, 56-58, 07658 Bilbao. Include references and state that:

- you have received their letter of 25 May regarding the non-settlement of your order A/8675;
- you have temporary financial difficulties;
- you are sending him half of the amount due;
- you will pay the remainder within three months;
- you thank him in advance, and end appropriately.

Status enquiries — Solicitudes de informes

Study the model letters, answer the questions and complete the exercises.

Carta 10.1

PHILIPE
Pharmaceuticals

8 Bishopsgate, Charminster
Bournemouth, Dorset BH8 8PY
Tel: 020/372321 Telex: 43208
Fax: 020/87654

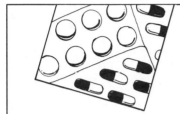

```
Banco Popular Guipúzcoa,
Zurbaro, 34
Alicante
España

Charminster, 10 de mayo de 19..

N/REF: DS/mt        S/REF:

Muy señores nuestros:

Acabamos de recibir un pedido importante de la compañía
cuyo nombre adjuntamos.

Les agradeceríamos que nos dieran informes completos
sobre la situación económica de esta compañía.

Nos interesa, sobre todo, saber si es solvente y si
creen aconsejable* que le hagamos entregas de mercancía
por valor de hasta¹ $50.000 de límite de crédito.

Les aseguramos que cualquier* información que nos
faciliten será considerada como estrictamente confidencial.

Les saluda atentamente
```

Donald Spencer
Director Gerente

---

¹ of up to, to the sum of

a) Why is Mr Spencer asking the bank for information?
b) What has Mr Spencer done to protect the confidentiality of his client?
c) What does he particularly want to know?

Carta 10.2

Muy señores nuestros:

G. Sagese y Co. desean abrir una cuenta con nosotros y nos han dado su nombre como referencia.

Sabemos que mantienen relaciones comerciales con ellos regularmente y hemos pensado que ustedes, mejor que nadie,[1] podrían informarnos sobre su situación económica. Les agradeceríamos que nos dijeran si consideran aconsejable que les concedamos crédito.

Adjuntamos un cupón internacional de respuesta y, en espera de sus prontas noticias, les saluda muy atentamente.

Milton Jackson
Jefe de Exportación

[1] better than anyone

a) Why is Mr Jackson writing to this company?
b) What does he particularly want to know?
c) What has he done to ensure a quick reply?

Carta 10.3

Muy señores nuestros:

Les agradeceríamos que nos dieran su opinión sobre Ibáñez S.A. que nos ha facilitado su nombre como referencia.

Antes de comprometernos definitivamente, agradeceríamos que nos informaran sobre la calidad de su trabajo y de su servicio de posventa.

Les aseguramos que cualquier información que nos faciliten será considerada como confidencial.

Les saluda atentamente

Teresa Baker
Directora de la Agencia

a) What does Ms Baker want to know before she does business with Ibáñez S.A.?

Carta 10.4

Señores:

Industrias Cortes S.L. se han puesto en contacto con nosotros a fin de hacernos un pedido importante de objetos para el hogar.

Nos han facilitado su nombre y dirección y les agradeceríamos que nos informaran sobre su situación económica con la mayor brevedad posible.

Aunque* estamos seguros de que son solventes, **quisiéramos** asegurarnos de que pueden hacer frente a[1] facturas trimestrales de hasta $50.000.

Naturalmente, cualquier información que nos faciliten será confidencial.

Les saluda atentamente

Troy Balles
Director de Ventas

---

[1] ..we would like to be certain that they can meet...

a) What sort of order have Industrias Cortes S.L. placed?
b) How often will they be required to pay?

Drills

Re-write the following sentences using the items listed. Make changes in tense and agreement where necessary. Do not include the pronouns in brackets.

1) Acabamos / de recibir un pedido importante de la / compañía / cuyo nombre / adjuntamos.

   a) (yo) / tienda / propuesta.
   b) Mr Higgins / corporación / transacción.
   c) Los directores / sociedad / consejo.
   d) (nosotros) / empresa / propuesta provisional.

2) Les / agradeceríamos / que / nos / dieran informes completos sobre la situación económica de esta / compañía.

   a) El Sr Matas / fiabilidad / compañía.
   b) (yo) / trabajo / empresa.
   c) Los socios / sinceridad / sociedad.
   d) (nosotros) / perspectivas / corporación.

3) Industrias Cortes S.L. / se han puesto en contacto con / nosotros / a fin de hacernos un pedido importante de / objetos para el hogar.

   a) Montulia e hijos S.A. / (yo) / motosierras.
   b) Comercial Cobertera S.A. / la señora Sastre / carretillas elevadoras de horquilla[1].
   c) Laboratorios Farmacéuticos Muñoz S.L. / nosotros / hipodérmicas.
   d) Hortispan, S.A. / nuestros clientes / desterronadores de tres secciones[2].

[1] fork-lift trucks
[2] three-sectioned rotary harrow

Grammar Check

1) Relative pronouns: The most common relative pronoun in Spanish is **que** of which there are many examples in the Letters, eg Carta 10.3: **..su opinión sobre la compañiá Ibáñez, S.A. que nos ha ...** etc. This use of **que** should not be confused with the conjunction **que** as in Carta 10.1 **Les agradeceríamos que....**

2) The neuter relative pronoun **lo que** refers to complete statements and ideas, not to nouns, as in Carta 9.4: **..problemas económicos por lo que agradeceríamos....**

3) **Cuyo (-a, -os, -as)**, (whose or of which), agrees with the noun it qualifies and not with its antecedent, eg Carta 10.1: **Acabamos de recibir un pedido importante de la compañía cuyo nombre....** where **cuyo** agrees with nombre. Note the other form of **which** in Carta 2.4: **..su carta ...en la que pedía información...**

4) In this unit note the use of the Imperfect Subjunctives of **dar** in Carta 10.1: **..que nos dieran informes..**, of **decir** in Carta 10.2: **..que nos dijeran..** and of **querer** in Carta 10.4: **..quisiéramos asegurarnos...** which also has a conditional value. The Imperfect Subjunctive of **deber** and **poder** can also be used in this way.

Ejercicio 10.1

Complete the following letter to a bank asking for confidential information about a potential client.

```
Muy ..... .....:

Acabamos ..... ..... ..... ..... ..... de

la compañía cuyo ..... ...... Les

agradeceríamos que ..... ..... ..... .....

sobre la ..... ..... ..... ..... compañía.

Antes de ..... ....., les agradeceríamos

que ..... ..... sobre la calidad .....

..... ..... y de su ..... ..... ...... Les

aseguramos que ..... ..... que ..... .....

..... ..... como ..... .....

Carlos Banquells

Gerente.
```

Ejercicio 10.2

Re-order the following to make a letter similar to Letters 10.1 – 10.4:

relaciones comerciales con ellos regularmente y

una cuenta con nosotros y nos han dado sus

Señores: Sitra Estaban S.A. de Barcelona desean abrir

si consideran aconsejable que les concedamos

crédito. Naturalmente, cualquier

nombre como referencia. Sabemos que mantienen ustedes

económica. Les agradeceríamos que nos dijeran

información que nos faciliten será confidencial. Les

nadie, podrían informarnos sobre su situación

hemos pensado que ustedes, mejor que

saluda atentamente Pedro Cuyas.

Ejercicio 10.3

Write a letter from one of the companies in a previous unit to the
Manager of the Banco Central de Crédito, Av. Llano Castellano, 16,
28970 MADRID, asking for their opinion of Laboratorios
Farmacéuticos Casademon S.A., Diagonal, 345. pral. 4, 20700
ZUMARRAGA (GUIPUZCOA). Mention that:

- you would like their opinion of the company;
- they gave the bank's name as a reference;
- although you are sure of their ability to pay their way, you
  would like to know if they would be able to meet quarterly
  bills of up to 600.000 ptas;
- they can be sure that the information will be treated as
  confidential and end appropriately.

Cancellations and alterations —
Cancelaciones y Alteraciones

Study the model letters, answer the questions and complete the exercises.

Carta 11.1

PROPEC COMPONENTES DE PLASTICO S.A.

Av. Llano Castellano, 23-4⁰, 03500 Benidorm, ALICANTE
Tel: (965) 32 13 56 Tx: 98642 Fax: (965) 24 56 91

Registro Mercantil de Zararagoza . Tomo 786 . Folio 65 . Hoja 9780 . Inscrip. Ta. C.I.F. A09867436

```
El Director,
Sociedad Anónima Sidoplast
Paseo de Julián Bioscas, 56
46008 Valencia


N/REEF: JM/nl      S/REF: PP/5/10

Alicante, 10 de octubre de 19..

Muy señores nuestros:

Les rogamos que tomen nota del siguiente error en
nuestro pedido A/147B del 5 de octubre pasado.

En lugar de¹: Cajas para 20 discos compactos

debería decir: Cajas para guardar 10 audio casetes.

Les rogamos que nos disculpen esta lamentable
equivocación*.

Les saluda atentamente
```

Jorge Merino

```
Jorge Merino
Departamento de Facturación
```

---

¹ in place of, instead of

a) What exactly is the error?

Carta 11.2

```
Muy señores nuestros:

El 4 de enero les encargamos* un igualador gráfico
Voximond que debían entregar a finales del mes.

Al comprobar* nuestro inventario nos hemos dado cuenta
de que nuestras existencias nos bastarán* para el mes
que viene y, por lo tanto, quisiéramos cancelar este
pedido.

Esperamos que acepten esta cancelación en vista de
nuestras largas relaciones comerciales.

Les saluda atentamente


Alfonso Nieto
Gerente.
```

a) Approximately how long has Sr Nieto been waiting for
   his order?
b) What seems to have happened during this time?

Carta 11.3

Muy señores nuestros:

Acusamos recibo de su carta del 9 de octubre en la que nos explican la imposibilidad de servirnos nuestro pedido No 875/326 de acuerdo con los detalles previamente estipulados.

Lamentamos tener que recordarles que **dejamos*** bien claro que era esencial que respetaran la fecha de entrega y por lo tanto nos vemos forzados a cancelar este pedido.

Les saluda atentamente

Eduardo Casas
Jefe de Compras

a) What did the letter of 9 October inform Sr Casas?
b) Why has he cancelled the order?

Carta 11.4

Estimada señora:

Ref: Nuestro pedido No.: A/5423 de calcetines de sport

Como no tiene usted estos artículos en almacén, le agradeceríamos que cancelara nuestro pedido de juegos de 8 pares de calcetines de sport y lo reemplace por juegos de 10 pares de medias de sport del mismo color que los calcetines. Adjuntamos una nota de pedido **debidamente*** modificada.

Le agradeceríamos que nos confirmara lo antes posible si acepta este cambio.

En espera de una respuesta favorable, le saluda atentamente,

Carmen Cabrera
Jefa de Compras

Anexo: Nota de pedido

a) Why is Sra Cabrera cancelling her original order?
b) What is enclosed in the letter?
c) What word would you expect to be at the end of the letter?

Drills

Complete the sentences as in the examples. Make changes in tense and agreement where necessary. Do not include the pronouns in brackets.

1) Les rogamos que tomen nota del siguiente error en nuestro pedido / A / 147 B / del 5 de octubre pasado. / En lugar de: Cajas para 20 discos compactos / debería decir: Cajas para guardar 10 audio casetes.

   a) (yo) / Z/4532 / 7 de enero pasado. / Lote 2-6 copas de cerámica / Juego 7 piezas postre.

   b) (él) / 23-A43 / 19 de febrero pasado. / 8 bandejas (1.395 ptas.) / Juego 6 tazas con bandeja (1.495 ptas).

   c) (nosotros) / B/2147 / 16 de marzo pasado. / 12 cafeteras con tapa / 12 filtros café perpetuo.

   d) (ellos) / C43/3 / 23 de agosto pasado. / 20 estanterías dobles (3 baldas. Tamaño: 38 cm de alto x 26 cm de ancha.) / 20 estanterías 3 cuerpos (4 baldas. Tamaño: 65 cm de largo x 53 cm de alto.)

2) El 4 de enero les / encargamos / un igualador gráfico Voximond / que deberían haber entregado / al final del mes.

   a) 17 de octubre / (yo) / un cortacésped autoportado[1] / anteayer.

   b) 25 de noviembre / (ellos) / una superficie regulable de mesa de operaciones[2] / hacer dos semanas.

   c) 4 de diciembre / (nosotros) / 30 cascos de protección con visera y protección acústica[3] / el dos del corriente.

   d) 14 de mayo / (yo) / una oruga aplanadora "ZX4" / la semana pasada.

3) Como no tiene usted / estos artículos / en inventario / le agradeceremos que / cancelen / nuestro / pedido de / los lotes de 8 pares de calcetines y los reponga por medias.

   a) juegos / (yo) / 20 mini-juegos (T55.45.76 Mini-Golf) / 20 mini-juegos (T56.45.76 Mini-Billar).

   b) mercancías / el cliente / 10 submarinos eléctricos (2.495 ptas.) / por 20 motos eléctricas (1.095 ptas.).

   c) artículos / los clientes / 50 juguetes en acción (Fuerte
      Caballería = 26 piezas / Tren-Diligencia = 23 piezas.
   d) radio-casetes / (nosotros) / 15 F45.12.35 (6.495 ptas) /
      25 radio-relojes extraplanos am/fm F47.12.35 (5.995
      ptas).

[1] lawnmower with seat.
[2] adjustable operating table top.
[3] safety helmet with visor and earpieces.

Grammar Check

1) Read through units 7 – 11 again and note the use of the
following prepositions:

Note that **a** and **de** are the only prepositions in Spanish
that combine with **el** to form **al** as in Carta 7.3: **Hemos
informado al transportista.....**, and **del**, eg in dates, **antes
del 25 de enero de 19...**

Study the various uses of **de** (of) as in:

Carta 1.2:	**Sírvase informarnos de...**
Carta 2.4:	**Esperamos tener el gusto de ....**
Carta 3.1:	**..espesor de corte..**
Carta 3.2:	**..de largo..**
Carta 3.4:	**..servicio de transporte..**
Carta 4.4:	**Esperando que esto sea de su agrado..**
Carta 5.3:	**..acompañada de factura..**
Carta 5.4:	**..la oportunidad de servirles..**
Carta 7.2:	**..el hecho de que..**
Carta 7.3:	**A pesar de que..**
Carta 8.3:	**...continuar como de costumbre..**
Carta 9.2:	**..se ocupen de este asunto..**
Carta 10.3:	**Antes de..**

and:

por (by, for, on) in Carta 5.1: **Por otra parte....**
para (in order to) in Carta 5.3: **...una caja especial para evitar
el riesgo de daños...**
a pesar de (que) (despite, although, in spite of) in Carta 7.3: **A
pesar de que las cajas ....**
dentro de (within) in Carta 9.3: **..enviaremos dentro de los
próximos tres meses.**
durante (during) in Carta 12.1: **..durante la semana que viene.**

Ejercicio 11.1

Complete the following letter cancelling an order because the supplier does not have the goods in stock.

Muy señores nuestros:

Como ....

almacén, les agradeceremos ....

.... No: 73891/43A. Esperamos que

....

comerciales, acepten ....

En espera ...., les

....

María Pellejero,

Directora Gerente de Ventas.

Ejercicio 11.2

Re-order the following to make a letter similar to Letters 11.1 – 11.4:

3 cintas 60. Adjuntamos una nota de pedido debidamente

estos artículos en almacén, les agradeceríamos que

Pascual, Jefe de Compras.

pedido No 875-326 de acuerdo con los

explican la imposibilidad de servirnos nuestro

> cancelaran nuestro pedido de 20 lotes de 2

> Muy señores nuestros: Acusamos recibo de su

> modificada. Les saluda atentamente Carlos

> carta del 6 de octubre en la que nos

> detalles previamente estipulados. Como no tiene en

> cintas[1] 90 y lo reemplacen por 30 lotes de

[1] cinta = cassette, tape

Ejercicio 11.3

Write a letter in Spanish (adding references, date etc) from Gerald Booth, the Manager of Intertech, 8 Old Orchard Road, Upper Beeding, Surrey SR8 UK6, UK, to Simex Electro S.A., Pereda, 169-200, 39004 Santander, Spain, apologising that:

- there was an error in your last order Nr: 9807/B of 5 October;
- instead of 200 printed boxer shorts (size M), the order should have read – 200 printed slips (size G); say that you would be grateful if he would let you know if they can accept the change and end appropriately.

Introducing a new salesperson
— Presentando a un nuevo vendedor

Study the model letters, answer the questions and complete exercises.

Carta 12.1

RICARDO MORO S.A.
Recubrimientos para paredes[1]

Bailén División Azul, 17, Gran Vía 8-10, 14003 Córdoba
Tel: 45 34 53 Tx: 3421 Fax: 45 38 74

Eduardo Balmaña,
Director,
Balmaña e hijos S.A.
Muebles para Fábricas y Oficinas
Torrecilla de Puerto 23,
Montcade i Reixach (JAVEA)

Córdoba, 8 de noviembre de 19..

N/REF: RM/cl   S/REF:

Estimado Sr Balmaña:

Tenemos el gusto de anunciarle la visita a Javea de
nuestro nuevo representante, Brian Rothwell, con una
gama completa de nuestras nuevas muestras. Le visitará
durante la semana que viene.

Estamos seguros de que encontrará a Mr Rothwell atento
y **servicial*** y de que apreciará usted sus cualidades
profesionales.

Esperamos que le reciba cordialmente en Javea y que le
haga algún pedido, lo que recibirá nuestra máxima
atención.

Atentos saludos de

Ricardo Moro
Director Gerente

---

[1] wallpaper

a) Who is Brian Rothwell?
b) What is he taking with him to Spain?

Carta 12.2

Estimado Sr Sopelana:

Nos complace mucho saber que **muestra*** interés en
nuestro tipo de producto. Tenemos el gusto de
informarle que nuestro representante, F. Franco, estará
en su zona dentro de poco[1] con muestras de toda nuestra
gama de productos.

Le agradeceremos que nos informe de si considera
oportuna una visita a fin de concertar una entrevista[2].

Le saluda muy atentamente

José Masiá
Jefe de Ventas

---

[1] shortly, soon
[2] so that we can arrange a meeting

a) What prompted Sr Masiá to write to this company?
b) What is the purpose of this letter?

Carta 12.3

Muy señor nuestro:

Nuestro nuevo representante en su zona, Bill Davey,
tendrá el gusto de visitarle la semana que viene.

El mismo[1] le informará de la fecha y hora de su visita y
esperamos que le reciba con cordialidad. Si desean hacernos
algún pedido, le aseguramos que se lo serviremos, como
de costumbre, con la máxima atención y el máximo cuidado.

Esperando que esto sea de su agrado, le saluda muy
atentamente

Nicky Marchant
Jefe de Ventas al Extranjero

---

[1] He himself

a) When is Bill Davey going to make his visit?
b) How will the client know when he is coming?

Carta 12.4

```
Estimada señora:

Tenemos mucho gusto en presentarle a John Higgins,
nuestro nuevo representante en esta zona.

Tendrá mucho gusto en mostrarle una colección de
nuestros últimos modelos. Quisiéramos destacar* en
particular la excepcional calidad de los modelos en
acero inoxidable que se venden a precios extremadamente
competitivos.

Esperamos tener el gusto de recibir un pedido, el cual
será atendido naturalmente con nuestro máximo interés.

La saluda muy atentamente


Martin Goldsmith
Director
```

[1] which goes without saying

a) Who is John Higgins?
b) What line is Martin Goldsmith trying to promote?

Drills

Complete the sentences as in the examples. Make changes in tense and agreement where necessary. Do not include the pronouns in brackets.

1) Nuestro / nuevo representante en su zona, / Bill Davey / tendrá / el gusto de visitarle / la semana que viene.

   a) (yo) / ayudante / Mary Macarness / en fecha próxima.
   b) (nosotros) / colega / Stanley Hall / bastante pronto.
   c) (ellos) / asociada / Claire Rafferty / de hoy en ocho días.
   d) (él) / agente / Rex Baker / pasado mañana.

2) Tenemos el gusto de anunciarle la visita a Javea de / nuestro / representante, / John Hanson, / con una gama completa de nuestras nuevas muestras. Les visitará / durante la semana que viene.

a) (yo) / Barcelona / representante, Philip Jeffries, / libros / mañana por la mañana.
b) El Director / Londres / ayudante, María Esperanza, / calendarios / tres del corriente.
c) Los Directores / Cádiz / agente, John Peters, y su ayudante / agendas / la semana que viene.
d) (nosotros) / Madrid / representante, Jocelyn March, / programas / durante la semana que viene.

3) Tenemos / el gusto de informarle de que nuestro representante, / F. Franco, / estará en su zona / dentro de poco / con muestras / de toda nuestra gama de productos.

a) (yo) / agente, Antonio Heredia, / durante la semana que viene / polos para niños H110.A6.13.
b) Mr Fieldman / colega, Fred Sarvan, / semana que viene / juegos de sábanas "Tropicana".
c) (nosotros) / ayudantes, Eric Saunders y Emily Goodman, dos del corriente / pantalones cortos de tela estampada.
d) Los Directores / socio, Paul Balles, / mañana / Conjuntos top y braga elástica (tallas 38-40, 42-44, 46-48).

Grammar Check

Revise the following:

1) Conjunctions:

tan pronto como (as soon as) in Carta 4.2: **Informarles tan pronto como podamos...**
de acuerdo con (according to) in Carta 5.2: **..de acuerdo con sus instrucciones..**
a pesar de que (despite, although, in spite of) in Carta 7.3: **A pesar de que las cajas ...**
a fin de que (in order to, so that) in Carta 8.2: **A fin de localizarla ..**
en cuanto (as soon as) in Carta 8.2: **En cuanto recibamos ..**
aunque (although) in Carta 10.4: **Aunque estamos seguros..**
como (since, as) in Carta 11.4: **Como no tiene usted estos artículos en almacén...**
si (if) in Carta 12.3: **Si desea hacernos algún pedido....**

2) Verb forms:

Some verbs change stems in all persons except the first and second person plural. (Note however that the first person plural of the Imperfect Subjunctive DOES change eg **quisiéramos** from **querer** cf. Note 4 Grammar Check, Unit 10).

e changes to **ie**
o changes to **ue**

Some **ir** verbs may change the **e** to **i**.

Note the following verb changes (and nouns formed from verbs).

sírvase from **servir** in Carta 1.2
ruego from **rogar** in Carta 3.4
acuerdo from **acordar** in Carta 5.2
concuerdan from **concordar** in Carta 6.2
pueda from **poder** in Carta 7.3
viene from **venir** in Carta 11.2
tiene from **tener** in Carta 11.4
muestra from **mostrar** in Carta 12.2

Ejercicio 12.1

Complete the following letter introducing a new representative:

```
Muy señores nuestros:

Nos ..... ..... ..... que muestran interés

en ..... ..... ..... ...... Tenemos el

gusto ..... ..... ..... que ..... .....

....., Mark Blackwell, estará en su zona

..... ...... ..... con muestras de .....

..... ..... ..... ...... Estamos seguros

de que ..... ..... Mr Rothwell ..... y

..... y de que apreciarán sus ..... ......

..... ..... de

Greg Thomson, Director Gerente.
```

Ejercicio 12.2

Re-order the following to make a letter similar to Letters 12.1 – 12.4.

de si considera oportuna una visita

a fin de concertar una entrevista. Esperamos

semana que viene. Le agradeceremos nos informe

anunciarle la visita a Andorra de

Estimado Sr Arriena: Tenemos el gusto de

que esto sea de su agrado y le saluda muy

muestras. Le visitará durante el curso de la

atentamente, Mike Bridges, Director de Ventas

al Extranjero.

nuestro nuevo representante, Paul Scanlon, con

una gama completa de nuestras nuevas

Ejercicio 12.3

Write a letter in Spanish (include the date and references) from Juan Tirado, the Director of Nelco España S.L., Av. Paisos Catalans, 34, 43670 REQUENA (VALENCIA) Tel: (96) 230 97 86 Tx: 563421 to William Holding, the Director of Nelco Distribution, 24 Great Swallow St., London WIV 3NF, introducing a new representative for the area, Martí Ignacio Somoza. Inform Mr Holding that:

- Sr Somoza will come and see him during the course of the following week;
- he will present a collection of the latest models;
- the stainless steel goods are of an exceptionally high quality and sell at a very competitive price;
- you hope that he will give Sr Somoza a warm welcome, as well as some orders.

PART TWO
SUBJECTS FOR FURTHER PRACTICE

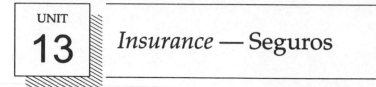
Study the model letters, answer the questions and complete the exercises.

Carta 13.1

Thanking a client for a completed proposal form and enclosing a cover note — Dar las gracias a un cliente por haber completado un formulario y adjuntar una nota de cobertura.

Estimado Mr Jones:

Acusamos recibo de su carta del 12 de julio incluida con el formulario de **propuesta***.

Tenemos el gusto de informarle que estamos preparando su póliza de seguro, la que recibirá antes del final del mes.

Entretanto está usted cubierto, por supuesto. Adjuntamos una nota de cobertura.

Le saluda atentamente

Fernando Bobadilla,
Director de la Agencia

---

a) The letter written on 12 July had "Anexo" at the bottom. Why?
b) Why did Sr Bobadilla send the cover note and not the policy?

Carta 13.2

Asking for compensation from a supplier for damaged goods — Pidiendo
compensación de un proveedor por haber recibido mercancía
estropeada.

Muy señores nuestros:

Lamentamos tener que informarles que la mercancía
embarcada por su agente de Vigo en el carguero
"Lincoln" llegó en muy malas condiciones. Adjuntamos un
informe de **Aduanas*** que confirma el hecho.

Sírvanse tomar nota de que estiman los daños en £500.

El cargo estaba asegurado contra todo riesgo por
nuestra oficina de Londres.

Les rogamos que acepten la cifra estimada por su propio
experto y que liquiden esta reclamación[1] con la mayor
brevedad posible.

Les saluda atentamente,

Ignacio Santo

Anexo: Informe de Aduanas

[1] settle this claim

a) What does Sr Santo want the supplier to do?
b) What is the "Adjunto" in this letter?

Carta 13.3

Requesting indemnity from a shipper for damaged goods — Reclamación de indemnización de una naviera por mercancía dañada.

Muy señores nuestros:

Cuando nuestro camión llegó a Montilla esta mañana, la naviera[1] observó que varias de las cajas de su envío habían sido dañadas. Al ser notificados[2] sobre la mercancía, pedimos inmediatamente a nuestro asesor que examinara la carga. Las piezas estaban completas, pero algunas habían sido estropeadas, por ejemplo: 2 mesas antiguas de **nogal*** y 12 juegos de sillas Chippendale.

Adjuntamos el informe del asesor por triplicado y también una carta de la naviera confirmando que se observaron los daños en cuanto el barco llegó a puerto.

Les agradeceríamos que ustedes **gestionaran*** el problema con los aseguradores. El número de la póliza de seguro es p/96106.

Mientras tanto, les rogamos que reemplacen la mercancía dañada arriba citada[3], ya que tenemos clientes que esperan la entrega.

Le saluda atentamente

Santiago de Guzmán

Anexos: 2

cc: la naviera

---

[1] the shipping company/agent
[2] on being notified..
[3] mentioned above

a) What are the enclosures in this case?
b) What does the client want the shipper to do?

Ejercicio 13

Write a letter to a supplier complaining that flight DA 765 arrived[1] at Gatwick Airport this morning as expected, but:

- when your agent inspected the cargo he noticed that one of the boxes in container No.12 had been damaged.
- You contacted your insurance representative in Brighton, who agreed to be present when the box was opened.
- He found several of the articles were spoilt.
- You are sending his report.
- You would like the supplier (as he is the policy holder[2]) to make a claim with the underwriters[3].
- Mention that, because of this mishap[4], you are in a very embarrassing situation as regards your customers.
- Ask the supplier to send you replacements by air freight as soon as possible.

[1] aterrizar en (to land at).
[2] titulares de la póliza.
[3] hiciesen las solicitudes necesarias a los aseguradores para reclamar compensación.
[4] contratiempo

Agencies - Apertura de Sucursales

Study the model letters, answer the questions and complete the exercises.

Carta 14.1

Offering an agency - Ofrecer una agencia

Muy señores nuestros:

Vendemos una cantidad considerable de conservas inglesas en distintas partes de España y nos interesa nombrar a un agente para que explore el mercado y aumente las ventas.

Los productos en cuestión consisten en una amplia selección de mermeladas y **miel***. López S.A. (comerciantes en azúcar) de Valencia nos ha recomendado a ustedes y tendríamos mucho gusto en nombrarles exclusivos en España.

Les enviaríamos la mercancía siguiendo sus instrucciones ya que estamos familiarizados con los **gustos*** y las exigencias de nuestros clientes en el noreste y sabemos que éstos pueden variar de una región a otra. Adjuntamos una lista de precios que les dará una idea de las variedades que producimos.

Como comprendemos las dificultades de introducir un producto nuevo en el mercado local, estamos **dispuestos*** a pagar una comisión de un 15% del valor neto de las ventas. Estamos seguros de que esta relación será mutuamente provechosa y esperamos que acepten nuestra oferta.

Agradeceríamos una pronta respuesta a fin de poder preparar una oferta de introducción con tiempo.

Les saluda muy atentamente,

Jason Whitney
General Manager
Croydon Conserves plc

a) How do you think this company sold its products before deciding to appoint an agent?
b) How does Mr Whitney try to make his offer attractive?

Carta 14.2

Accepting conditionally the offer of an agency - Aceptar condicionalmente la oferta de una agencia.

Estimado Mr Wilson:

Acusamos recibo de su carta del 7 de febrero en la cual nos ofrece la representación de sus conservas de carnes.

Tenemos mucho gusto en aceptar su oferta pero debemos informarle que solamente nos interesa si nos concede la venta exclusiva, ya que la salida para carnes en conserva es bastante limitada a causa de la competencia local. Además, la preferencia por los productos frescos dificultaría la expansión rápida del mercado para conservas inglesas. En estas circunstancias, creemos que la competencia de otro agente no compensaría nuestros **esfuerzos***.

Si está dispuesto a concedernos la exclusiva para toda España, estamos seguros de que nuestra experiencia y valiosa red de contactos nos permitirán introducir sus productos con gran **éxito*** en todo el país.

Le saluda atentamente

Miguel Vicente Pelayo

---

a) What reason does Sr Pelayo give for wanting the sole agency?
b) What is one of the problems when trying to sell English tinned and potted foodstuffs in Spain?

Ejercicio 14

You are a UK firm interested in becoming the agent of a Spanish manufacturer of agricultural products. Write a letter which includes the following points:

- you were very much impressed by the quality of their agricultural products, a selection of which you recently saw in Spain;
- since then[1] you have seen their latest catalogue, and you are interested to know if they have considered appointing an agent in the UK.
- Point out that you are a leading firm of importers and distributors of many years' standing;
- state that you have an extensive sales organization and a very wide knowledge of the UK market;
- say that you feel that their products would sell very well, and
- indicate that you are prepared to enter into a business relationship with them.
- state that you are also interested in handling a sole agency[2] which you feel would be to your mutual advantage.
- say that you would like to know[3] if they are interested in these proposals.

[1] Desde entonces
[2] en exclusiva
[3] Les rogamos que nos hagan saber si...

Overseas payments — Pagos al extranjero

Study the model letters, answer the questions and complete the exercises.

Carta 15.1

Reply to a large order requesting to pay by credit — Contestación a una solicitud de crédito para pagar un pedido importante.

Estimado Mr Sanderson:

Le agradecemos su interés por nuestro equipo contra incendios.

Vendemos este equipo a compañías como la suya en todas partes del mundo y tendremos mucho gusto en servirle un pedido contra carta de crédito emitida por un banco internacional conocido.

Esperamos tener el gusto de recibir pronto la carta de crédito y entonces despacharemos su pedido como hacemos habitualmente.

Le saluda atentamente

Vincente Pitaque
Director Gerente

---

a) How does Sr Pitaque want the client to pay for his order?
b) When will they process the order?

Carta 15.2

Confirming an order against a letter of credit — Confirmación de un pedido contra carta de crédito.

```
Ref:Su pedido No. JK/9630

Muy señores nuestros:

Acusamos recibo de su pedido de referencia. Estamos
preparando la remesa* de tableros magnéticos blancos
para enviárselos.

Nuestro agente nos ha informado que pagarán por carta
de crédito a nuestro favor válida hasta el 30 de junio
de 19.. y estamos dispuestos a aceptar estas
condiciones.

En cuanto nuestro banco confirme el crédito, enviaremos
la mercancía de acuerdo con sus instrucciones.

Les saluda muy atentamente


Pablo de Henares
Jefe de Ventas
```

a) How does Sr de Henares know that a letter of credit will be arranged?
b) When will the goods be shipped?

Carta 15.3

Advising that a letter of credit has been opened — Aviso de que se ha abierto una carta de crédito.

```
Muy señores nuestros:

Con referencia a su carta del 19 de marzo, tenemos el
gusto de informarles que hemos dado instrucciones al
Banco Hispano Americano en Zamudio para que abran un
crédito a su favor de £5.000 válido hasta el 30 de
junio de 19...

Este crédito será confirmado por el Barclays Bank de
Guernsey y será emitido cuando reciban su letra de
cambio.

Les rogamos que se aseguren de que[1] vayan incluidos
todos los documentos necesarios: Certificado de
embarque[2] por duplicado, 1 Factura de Aduanas, cobertura
de seguro por valor de £7.500 y 4 facturas comerciales
por separado.

Les saluda atentamente

Peter Horton
Jefe de Contabildad
```

[1] Please make sure that...
[2] Bill of Lading

a) To which bank will the customer be sending his payment?
b) What will he send with the documents?

Ejercicio 15

Write a letter to a company informing them that:
- you acknowledge receipt of their order sent on 15 January;
- your representative, Javier Lagasca, has informed you that the goods[1] are ready for shipment.
- You understand[2] that they will pay by means of an irrevocable letter of credit valid until 1 March;
- when you have been informed that the credit has been opened, the goods will be packed and sent according to their instructions;
- They may be sure that all orders will receive your   careful attention and that you hope to continue doing business with them in the future.

[1] géneros, mercancías   [2] Según tenemos entendido..

Job applications — Solicitudes de Empleo

Study the model letters, answer the questions and complete the exercises.

Carta 16.1

Applying for a position (1) — Solicitud de empleo (1).

Muy señores nuestros:

Desearía que tomaran en consideración mi solicitud para el puesto de Secretaria Bilingüe con AGCOM S.A. anunciado en "El País" el lunes 5 de octubre de 19..

Adjunto mi currículum dando detalles de mi carrera y títulos hasta este momento. En líneas generales es como sigue:

Después de finalizar mis estudios universitarios en 1982 estudié a tiempo parcial el español y el alemán.

Durante los últimos seis años he trabajado como secretaria en el Departamento de Ventas al Extranjero de Selby plc, donde tengo la responsabilidad de toda la correspondencia extranjera. En este tiempo he introducido un sistema nuevo de archivo y he modernizado los métodos de trabajo de toda la oficina.

Habiendo trabajado a este **nivel*** durante algún tiempo, me gustaría tener mayor responsabilidad en este campo y quisiera tener la oportunidad de hacer frente a[1] las exigencias de un nuevo puesto.

Les agradecería que me concedieran una entrevista a fin de decidir si este puesto es **idóneo*** para mí.

Les saluda muy atentamente

Kathleen O' Houlihan.

---

[1] to face up to...

a) Why is Ms O'Houlihan sending her CV to this company?
b) What innovations has she introduced in her present office?

Carta 16.2

Applying for a position (2) — Solicitud de empleo (2).

A la atención del Sr Alonso

Estimado Sr Alonso:

Durante los últimos cuatro anos he trabajado como única
secretaria en una pequeña pero próspera compañía y
quisiera solicitar el puesto de secretaria ejecutiva
anunciado en "The Times" del 12 de enero de 19...

Como secretaria personal del **dueño*** de James Young plc
de Southampton, tengo la responsabilidad cotidiana no
sólo de la oficina, sino también de toda la
correspondencia extranjera, en gran parte en español y
portugués, ya que exportamos a muchos países
sudamericanos. Mis responsabilidades **exigen*** también
que haga trabajos de un tipo más personal, como
concertar **citas***, contestar a llamadas telefónicas,
recibir visitas y organizar todo el trabajo
administrativo y la correspondencia de Mr Young.

Con toda esta experiencia, estoy familiarizada con los
deberes de una secretaria ejecutiva y creo que no le
defraudaré.

Adjunto mi currículum y le agradecería que me diera la
oportunidad de hablar en persona de mis títulos. Tendré
mucho gusto en asistir a una entrevista cuando lo crea
conveniente. Mi número de teléfono es el 0167 19860 y
puede **dejar*** un recado en el contestador automático[1].

Le saluda muy atentamente

Jennifer Hinchcliffe

---

[1] answering machine

a) What was Ms Hinchcliffe's previous position?
b) What does she ask Sr Alonso to do?

Carta 16.3

Applying for a position (3) — Solicitud de empleo (3).

Puesto de Asistente de Información Turística:

Muy señores nuestros:

Con referencia a su anuncio en "The Guardian" de hoy, les ruego que tomen en consideración mi solicitud para el puesto de referencia. Tengo las siguientes calificaciones y experiencia:

Estudié en la Universidad de Kent donde obtuve una **licenciatura*** en Lenguas Modernas (español y francés). También tengo el Diploma Superior en español comercial de la Cámara Española de Comercio de Londres.

Después de licenciarme en 1987, trabajé para una agencia publicitaria como correctora de pruebas[1] para una revista mensual sobre el comercio al por mayor en España. Entretanto asistí a clases nocturnas de Ciencias Empresariales y análisis de datos. Estoy segura de que si me dan la oportunidad, podré hacer frente a todos los aspectos del trabajo que se me **encomienden*** como Asistente de Información Turística. Domino perfectamente el español y conozco muchas zonas de España ya que estudié en Valencia durante un año y aproveché para hacer muchas excursiones.

Esperando que consideren favorablemente mi solicitud, les salud a muy atentemnte

Rita Gillet

---

[1] proof-reader

a) What did Ms Gillet do after she graduated?
b) How did she acquire her command of Spanish?

Ejercicio 16

Write a letter in Spanish to a company advertising in "Hoy" for a
shorthand typist and:

- mention where you saw the advertisement and ask them
  to consider you for the post;
- tell them how long you have been employed as an audio-
  typist[1], giving details of your typing and shorthand[2] speeds;
- say that you have recently updated[3] your qualifications by
  taking a course in computer studies. Also mention your
  competence in Wordstar 5.5, Word Perfect and DBase 3;
- say that you are experienced in all types of office work and the
  latest accounting programs;
- tell them how old you are and that you have a clean
  driving licence;
- enclose your CV and copies of three testimonials;
- end by saying that you hope they will give you the
  opportunity to attend an interview.

[1]　audio-mecanógrafa
[2]　taquigrafia
[3]　hacer un cursillo de reciclage, to update one's qualifications

Replies to job applications — Contestación a solicitudes de empleo

Study the model letters, answer the questions and complete the exercises.

Carta 17.1:

Calling an applicant for interview — Concertación de una entrevista.

```
Estimada Miss Billings:

Acusamos recibo de su carta en la cual solicita el
puesto de secretaria.Sírvase presentarse en nuestras
oficinas para una entrevista el miércoles, 13 de marzo,
a las 14.30.

Si no le conviene la fecha o la hora, le ruego que
informe de ello a mi secretaria y trataremos* de
encontrar otro momento mutuamente conveniente.

Le saluda muy atentamente


Pedro Torrelaguna
Jefe del personal
```

a) When does Sr Torrelaguna want Miss Billings to come for an interview?
b) What does he want her to do if she cannot come on that day?

Carta 17.2

Confirmation of employment — Confirmación de empleo.

Estimado Sr Alvargonzález:

Con referencia a su carta del lunes 12 de enero, tengo
que confirmarle que hemos decidido ofrecerle el puesto
de analista de sistemas en esta compañía.

Adjunto las tres copias de nuestro contrato de trabajo.
Le ruego que **firme*** dos de ellas y que las devuelva a
mi secretaria lo antes posible. También encontrará
adjunto un folleto dándole todos los detalles de
nuestro plan de pensiones, **vales*** de comida, club de
deportes* y excursión anual.

Si tiene usted alguna **duda*** sobre las condiciones del
contrato, le ruego que se ponga en contacto conmigo.

Atentamente,

Rosemary Giggins

---

a) What does Ms Giggins want Sr Alvargonzález to do?
b) In what circumstances may Sr Alvargonzález contact Ms
   Giggins again?

Carta 17.3

Turning down an applicant after interview — Rechazar a un candidato
después de una entrevista.

```
Estimado Mr Fish:

Le agradecemos su reciente visita para solicitar un
puesto de trabajo.

Después de haber deliberado y tras* nuestra
conversación la semana pasada, he llegado a la
conclusión de que por el momento no puedo ofrecerle
empleo en nuestra compañía..

Como ya le dije cuando nos vimos, guardaremos su
expediente* en nuestros archivos para futura referencia
pues regularmente necesitamos personal de plantilla¹
temporal.

Me alegro de haber tenido la ocasión de escuchar* la
explicación tan elocuente de su capacidad y espero que
esta decisión no le decepcione* demasiado*.

Le saluda muy atentamente


Diego de Santo
Personal
```

¹ replacement staff

a) How long did Sr de Santo take to come to a decision
    about Mr Fish?
b) How does he try to lessen Mr Fish's disappointment?

Ejercicio 17

Write a letter in Spanish from don Antonio Carlos Blanco, of
Recruitment, to a candidate, Miss Foxwell, for the post of bilingual
secretary, in which you:

– thank her for applying for the post;
– say that you would like to take her application a stage
  further and that you would like her to come for an interview;
– mention the date and the time;
– ask her to let you know if that day or time is not suitable.
  You will then try to arrange the interview at a day and time
  more convenient to her.
– End by saying that you look forward to meeting her in person.

Personal References —
Referencias Personales

Study the model letters, answer the questions and complete the exercises.

Carta 18.1

Asking permission to give a person's name as referee — Pedir permiso para utilizar el nombre de alguien como recomendante.

Estimado Sr Velarte:

Tengo la intención de solicitar el puesto de Representante de Ventas con J Rothwell & Co de Madrid y quisiera incluir su nombre en mi lista de referencias.

Como está usted perfectamente familiarizado con mi trabajo en Llama Gabilondo y Cia. S.A., puede facilitar a J Rothwell una justa evaluación de mi capacidad.

Adjunto un **sobre*** con dirección y **sello*** para su respuesta.

Le saluda atentamente

John Bridges.

---

a) What post is Mr Bridges applying for?
b) Why does he think that Sr Velarte can give him a good reference?

Carta 18.2

Asking a referee to send a reference directly to a potential employer — Pedir
a una persona que envíe su informe directamente a un empresario.

```
Estimada Sra Ortega,

He solicitado el puesto de secretaria bilingüe con
Transworld Travel en Oviedo.

Como usted me alentó* a continuar mis estudios de
español y me ayudó a prepararme para los exámenes
finales de la Cámara de Comercio de España en Londres,
le agradecería si tuviera la amabilidad de escribirles
una carta recomendándome. Adjunto un sobre dirigido al
Sr de Carlos, Jefe del Personal de Transworld.

Un cordial saludo de,


Emily Goodman
```

a) Why has Emily Goodman particularly chosen Sra Ortega as
a referee?
b) What does she want her to do with the reference?

Carta 18.3

A letter of recommendation — Una carta de recomendación.

```
PERSONAL Y CONFIDENCIAL

Estimada Señora Codina:

Tengo mucho gusto en facilitarle la información que
pedía sobre Mary Stevens. Esta información es, sin
embargo, confidencial.

Miss Stevens trabajó al principio con nosotros como
secretaria general hasta 1987, cuando ocupó el puesto
de secretaria del Director de Ventas al Extranjero en
1989. Demostró ser competente, muy trabajadora y de
toda confianza.

Estoy seguro de que será una empleada* ideal si deciden
ofrecerle el puesto que solicita.

Le saluda atentamente


Juan Carlos Gomez
Director General, Aguirre Española S.A.
```

a) On what condition does Sr Gomez agree to provide information about Mary Stevens?
b) What did she eventually become when she worked for Aguirre Española S.A.?

Ejercicio 18

Write a letter to a Spanish company who have asked you for a reference concerning Mrs Jackson. She has applied to them for the post of Personal Assistant to the Export Manager. Mention that:

- she entered your service[1] 5 years ago as a trainee secretary.;
- she continually tried to improve herself professionally by taking evening courses in secretarial practice, Spanish and electronic communications;
- a year ago, she became[2] secretary to the Sales Manager;
- part of her work now is to deal with all overseas correspondence;
- she is also responsible for organizing sales conferences and keeping the minutes[3];
- you are certain that she would be a most suitable person for the post.

[1] se incorporó a nuestra plantilla   [2] fue ascendida a
[3] la redacción de las actas

PART THREE

RECALL EXERCISES

Key to the questions, drills and exercises
Layout – the parts of a Spanish business letter
Glossary of Spanish – English equivalents

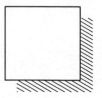

Recall Exercises

Use these for revision. Fill in the gaps — one word in each case — and refer back to Lessons 1 — 20 for the answers.

UNIT 1 — REQUESTS FOR INFORMATION –
PETICIONES DE INFORMACIÓN

Carta 1.1
Muy señor nuestro: Acusamos ...... de su ...... con los últimos modelos de su ......:
Weedolex. Les agradeceríamos que nos enviara más ...... de sus .... Le saluda ......,

Carta 1.2
Muy señor nuestro: Nos ha ...... mucho la ...... el candado para volantes, modelo X3/
27, en la página 43 de su .... informarnos de si usted ...... hacer entrega ....
Atentamente, Antonio Martínez, Jefe de Compras.

Carta 1.3
Muy señores nuestros: Hemos ...... con interés su carta del 8 de junio ...... el ...... de su
nuevo gato hidraúlico. ...... informarnos de si ...... algún ...... en nuestra zona.
Les saluda atentamente Ignacio Jiménez, Director.

Carta 1.4
Muy señores nuestros: Nos ...... incluir su ...... de abrigos especiales en nuestra ...... de
artículos de ...... y ...... Les ...... que nos ...... una lista de precios ...... e información ......
las condiciones de envío al .... Les saluda atentamente J. Batista, Directora de Ventas
al Extranjero.

UNIT 2 — ACKNOWLEDGING AN ENQUIRY – ACUSO DE RECIBO

Carta 2.1
Muy señor mío: Con ...... a su ...... de información adjuntamos un folleto ilustrado
completo ...... nuestra gama SELTEK. En espera de sus gratas ......, le saluda
atentamente Gloria Cirera, ... de Ventas al ....

Carta 2.2
Estimado Mr Bronson, Como ...... a su carta del 25 de enero de 19.., nos complace ......
nuestro último catálogo.
No dude en ...... en contacto ...... nosotros de nuevo si ...... más información. ...... su
interés en nuestros productos, le ...... muy atentamente Salvador de Pareda, Jefe de
.... Extranjero.

Carta 2.3
Muy señora nuestra: Le ...... mucho su interés en nuestros modelos Purtex — ...... A1 y
A5, de ...... de aluminio para el ...... de alimentos congelados en grandes ...... Nuestro
representante le ...... toda la información que necesite y le ...... sobre los modelos más
...... para sus ...... personales. Le saluda ...... Juan Berdión Pizarro, Director.

Carta 2.4
Muy señor mío: Hemos ...... su carta del 10 de agosto en la que nos ...... información
sobre nuestra ...... de botellas, tarros y envases de boca ancha[1] para el ...... de
productos ......, de ...... personal y medicinas. .... último católogo y nuestra lista de
precios .... Esperamos tener el ...... de recibir un ...... suyo en un futuro .... Le ......
atentamente, Carlos Caboni, Director, Contadex S.A.

UNIT 3 — *PLACING AN ORDER* – HACER UN PEDIDO

Carta 3.1
Estimado Sr Gutiérrez: ...... de haber ...... su folleto con sierras circulares ...... por agua,
tenemos el ...... de hacerle el ...... pedido: 100 Referencia No. 900 54000, diámetro 230
mm, espesor de corte 2,2 mm ...... que éste sea el ...... de una relación mutuamente ......
entre nuestras dos compañías, le saluda muy atentamente Rafael Muguruza, Director.

Carta 3.2
Estimado Sr Figueras: ...... examinado el catálogo que nos envió ......, nos complace ......
el siguiente pedido de faldas-pantalon de 95 cm de largo con ......, pasador y botones.
50 faldas-pantalón granate tallas 36, 38, 40. Le ...... que nos envíe la ...... por avión. Le
...... muy atentamente Ramón Rojas.

Carta 3.3
Muy señor nuestro: Acusamos ...... de su carta del 5 de septiembre. Nos ...... hacer un
pedido de 30 escaleras con plataforma ......, peldaños de aluminio y cinta de ...... para
posición ......, referencia: 321.45 – 10 altura 85 cm 4 ...... 3 kg. Le rogamos que ...... la
entrega por .... Le saluda atentamente, Ricardo Leopoldo, Jefe de Compras.

Carta 3.4
Muy señores míos: ...... de nuestra conversación telefónica del ...... 10 de mayo ......
tomar nota del ...... pedido: 15 válvulas de una dirección, 10 ...... con reguladoras
automáticas DN 10-250 series 6000-4500. Les ...... que envíen la ...... por servicio de ......
ordinario. Esperando que la ...... de este pedido se ...... rápidamente y con su ......
habitual, les saluda muy atentamente Juan Muñoz, Director.

UNIT 4 — *DEALING WITH ORDERS* – GESTIÓN DE PEDIDOS

Carta 4.1
...... Srta Rosales: ...... agradecemos su ...... número 321/49 de 200 Kg. Moka ...... No
493 a 800 ptas Kg y 150 Kg Café Granada No 365 ...... 750 ptas Kg. La ...... se enviará
...... por .... Cordialmente le saluda Gabriel Dorrado Jefe de ....

Carta 4.2
Estimado señor:...... agradecemos su carta ...... 4 de noviembre y el pedido .... Le
informaremos ...... pronto ...... podamos confirmar que la ...... se ha enviado.
Agradeciéndole una ...... más su pedido, ... atentamente Benito de Riscal,. ...... de
Ventas.

Carta 4.3
Muy señores mío: acuso recibo de su pedido de Láminas de aluminio... Tenemos ......
estos árticulos en ...... y estarán ...... para ser enviados a ...... de la semana que .... Les
saluda ...... Carlos Biagorri.

Carta 4.4

Muy señora nuestra: Nos ...... informarla de que hemos ...... su pedido No. 264/3613 del 6 de junio, el ...... estamos tramitando. Los ...... llegarán al final del .... Les estaríamos muy ...... si nos pudieran informar ...... llegue la mercancía. Esperamos ...... esto sea de su .... Le saluda atentamente, Luis Secades ...... de Exportación.

UNIT 5 - PACKING AND TRANSPORT – EMBALAJE Y TRANSPORTE

Carta5.1

Muy señores nuestros: Con ...... a nuestro pedido No. 867/342 del 5 de febrero, debemos ...... que los 20 ...... de espejos triples-140 EQUINOX 8490 ...... ser entregados con luz ......, enchufes e ...... a nuestra ...... de Santander. Por otra parte el pedido No. 867/343 ...... ser enviado a nuestro ...... de Valencia. Los espejos deberán ...... en paquetes cubiertos de ...... y con ...... metálicas. Les saluda atentamente Fernando R. Cerezo, Director Gerente.

Carta5.2

Señores: Acusamos ...... de su pedido del 5 de enero. La mercancía se ...... mañana, de ...... con sus instrucciones, a su almacén de Pamplona. Todo el ...... lleva claramente marcado ...... y ...... el símbolo internacional "Fragile". Les ...... su pedido y ...... a su entera disposición. Les saluda atentamente, Pedro de Eizaguirre Director de Ventas al Extranjero.

Carta5.3

Muy señores nuestros: Con referencia a su carta del 8 de agosto, ... los detalles del ...... de nuestro pedido No. A/765. Cada artículo deberá ...... embalado en una ...... especial para ...... el ...... de ...... durante el transporte. Les rogamos que ...... la entrega, ... de factura por duplicado, al ...... de nuestro .... Les saluda atentamente Patricio Berges.

Carta5.4

Muy señora nuestra: Como ...... en su carta del 8 de marzo, le enviamos 20 cajas de caracoles ...... de 50 Kg por ...... refrigerado del puerto de Bilbao a Dover. Esperamos que ...... con rapidez y en buenas ......, que aprecien la ...... de nuestros productos y que ...... la oportunidad de ...... de nuevo en el futuro, le saluda atentamente. Manuel Ortúzar, Director.

UNIT 6 — CONFIRMATION OF DELIVERY – CONFIRMACIÓN DE ENTREGA

Carta 6.1

Estimado Mr Berry: Ref: Nuestro pedido No. 4264/10, Filtro solar de máxima ......, Loción bronceadora con ...... y cacao. Hemos ...... los artículos ...... en el citado pedido de ...... que ha llegado en ...... condiciones. Si, ... esperamos, nuestros clientes ...... sus productos ......, tendremos mucho ...... en hacerle pedidos de mayor .... Le saluda atentamente José Luis Gaminde, Director.

Carta 6.2

Muy señores nuestros: Les ...... su envío del 26 de junio que ...... esta mañana en buenas ...... y en la fecha .... La factura y la mercancía ...... perfectamente. Esperamos poder ...... otro pedido idéntico muy .... Les ...... atentamente Nicolás Salinas, Director.

Carta 6.3
Muy señores nuestros: Acusamos ...... de las lociones para ...... del afeitado Samarkand
No. 1 y Jamaica No.3 que pedimos ...... dos semanas (No. 10 y 11 de nuestro pedido
No. 3692). Nuestra furgoneta ...... ayer estos artículos del ...... Esperando que el ...... de
la mercancía ...... entregado ......, les saluda atentamente
Modesto de Velasco, Jefe de ......

Carta 6.4
Muy señora nuestra: Ref: N/pedido No. 42691. 50 ...... de pared 8240: ...... a la derecha.
...... recibo del ...... envío por ...... de los armarios de pared. Nos ...... confirmar que el
primer lote ...... perfectamente con la nota de .... En un futuro próximo ...... un nuevo
pedido. Atentamente. Rafael Rodríguez-Cirera, ... de Importación.

UNIT 7 — COMPLAINTS – QUEJAS

Carta 7.1
Muy señores nuestros: Acabamos de ...... la mercancía de nuestro pedido No. 143/2A.
...... informarles de que los armarios de baño con ...... luz de tubo, y ......, color pino
marítimo oscuro, no ...... la calidad habitual. Les ...... que hagan lo necesario para
reponer estos artículos la mayor ...... posible. En espera de su pronta .... Les saluda
atentamente, Carlos Sastre, Gerente.

Carta 7.2
Muy señores nuestros: ...... tener que ...... de que su envío de equipo de pesas de ......
ha llegado en muy malas condiciones. ...... nuestro descontento y el ...... de que les ......
la mercancía dañada, la que esperamos ...... inmediatamente. Les saluda atentamente,
Jesús Vique.

Carta 7.3
Estimado Mr Read: Acusamos ...... de los sofás de pino macizo que nos ha ...... de ......
con nuestro pedido del 5 de los .... A pesar de que las cajas ...... intactas, cuando las
abrimos ...... que un número de piezas estaban .... Hemos informado al ...... de los
daños ...... a estos muebles y hemos ...... las cajas y su ...... para que pueda .... Le
saluda atentamente García Juan Lafuente.

Carta 7.4
Muy señores míos: Su ...... llegó por fin ayer del ...... del aeropuerto. Lamento ...... que
...... de que la mercancia ha ...... en muy malas condiciones. Por lo tanto les ...... que
...... a su representante lo antes posible para que ...... la situación por sí .... Les saluda
atentamente Elías Coteño, Director Gerente, Eurosystems S.A.

UNIT 8 — REPLIES TO COMPLAINTS – DISCULPAS Y
REPUESTAS A QUEJAS

Carta 8.1
Asunto: ...... No. 4365-30 docenas de copas de vino. Muy señores nuestros: En ...... a su
carta del 3 de marzo ...... el hecho de que no ...... entregado las copas de vino ......,
nuestro ...... de envíos nos ha informado de que la mercancía ...... ciertos daños a ......
del temporal que ...... en esta zona la semana .... Les aseguramos que la ...... de este
pedido se ...... lo antes posible y les rogamos que ...... nuestras disculpas por los ......
que les haya podido causar esta .... Les saluda atentamente, Carlos Burgor, Jefe de
Ventas.

Carta 8.2
Estimada Srta Colley: ...... no haber podido ...... todavía las etiquetas para los discos de ordenador. Las ...... en almacén pero no ...... encontrar ...... factura a su nombre. A fin de ...... le rogamos que nos ...... la fecha y el número de su pedido. En ...... recibamos su respuesta, le aseguramos que ...... toda nuestra atención a este .... Le saluda atentamente, Fernando Gumucio.

Carta 8.3
Muy señores nuestros: Acabamos de ...... cuenta de que les hemos ...... £400 de más. ...... una nota de crédito para cubrir esta .... En estos momentos estamos ...... de ordenadores y por eso en ...... casos, hemos facturado dos .... En cuanto la situación ...... a la normalidad, esperamos ...... seguir como de ...... y les rogamos que ...... nuestras disculpas por la .... Les saluda atentamente, Rosa Clemente Iraizoz, Departamento de Cuentas de Clientes.

Carta 8.4
Estimada señora: ...... mucho que los marcos de ...... para colchones de muelles que le enviamos por ...... se soltaran durante el ...... y, por lo tanto, llegaron ...... Le rogamos que ...... nuestras disculpas por este incidente que fue ...... a la falta de ...... de un empleado nuevo en ...... Por supuesto que aceptamos toda responsabilidad por los daños y ...... la mercancía inmediatamente. De nuevo le pedimos disculpas por las ...... que haya ...... sufrir. Le saluda atentamente Ignacio Fidalgo, Departamento de Envíos.

UNIT 9 — COMPLAINTS AND REPLIES ABOUT PAYMENT – QUEJAS Y RESPUESTAS SOBRE PAGOS

Carta 9.1
Estimado Sr Cherrau: Le rogamos que ...... su atención a nuestra ...... del 4 de marzo. Como no ha ...... todavía las dos ...... entregas, le ...... que lo ...... con la mayor brevedad posible. Estamos ...... de que este ...... se debe a una error en su departamento de ...... y de que será ...... rápidamente. ......, le saluda atentamente María Haya, Directora de Ventas.

Carta 9.2
Muy señores nuestros: Sentimos tener que ...... que no han ...... todavía nuestra factura No. 896/1A ...... el 8 de agosto. Les rogamos que se ...... de este asunto .... Si, ... esperamos, ... han ...... la suma en cuestión, les rogamos que ...... este aviso. En espera de sus ...... noticias, les saluda muy atentamente Santiago Catalán, Director Gerente.

Carta 9.3
Estimada señora: Acusamos ...... de su carta del 12 de septiembre en la que nos ...... que hemos pasado el ...... para el pago de sus últimas dos....... En estos ...... tenemos ciertas ...... económicas, puramente ...... y por lo ...... le enviamos la mitad de la ...... debida como primer ......, el resto se lo enviaremos ...... de los próximos tres meses. De ...... le agradecemos su .... Le saluda atentamente Antonio Sánchez Uralde. ......: un cheque.

Carta 9.4
Muy señores nuestros: ...... de recibir su carta del 8 de enero con relación al ...... de nuestro pedido A/97867. Como ustedes bien ......, nuestra compañía ...... ha tenido la ...... de saldar ...... lo antes posible. Sin ......, los daños ocasionados por los ...... en el sur de Inglaterra han causado graves problemas ...... por lo que agradeceríamos que nos

...... 30 días extra de plazo. ...... las gracias por anticipado, les saluda atentamente Rafael Tomás Frechilla, Departamento de ....

UNIT 10 — STATUS ENQUIRIES – SOLICITUDES DE INFORMES

Carta 10.1

Muy señores nuestros: Acabamos de ...... un pedido importante de la compañía ...... nombre adjuntamos. Les ...... que nos ...... informes completos ...... la situación ...... de esta compañía. Nos interesa, ... todo, saber si es ...... y si ...... aconsejable que les ...... entregas de mercancía por valor de ...... $50,000 de límite de .... Les aseguramos que ...... información que nos ...... será considerada como estrictamente .... Les saluda atentamente Donald Spencer, Director Gerente.

Carta 10.2

Muy señores nuestros: G. Sagese y Co. desean abrir una...... con nosotros y nos han ...... su nombre como referencia. Sabemos que ...... relaciones comerciales con ...... regularmente y hemos ...... que ustedes, mejor que ......, podrían informarnos ...... su situación económica. ...... agradeceríamos que nos ...... si consideran ...... que les concedamos crédito. ...... un cupón internacional de ...... y en ...... de sus prontas noticias, les saluda muy atentamente Milton Jackson, Jefe de Exportación.

Carta 10.3

Muy señores nuestros: Les ...... que nos ...... su opinión sobre Ibáñez S.A. que nos ha ...... su nombre como referencia. Antes de ...... definitivamente, les ......que nos ...... informaran sobre la ...... de su trabajo y de su servicio de pos .... Les aseguramos que ...... información que nos ...... será considerada como confidencial. Les saluda atentamente Teresa Baker, Directora de la Agencia.

Carta 10.4

Señores: Industrias Cortes S.L. se han ...... en contacto con nosotros a fin de ...... un pedido importante de objetos para el .... Nos han ...... su nombre y ...... y les agradeceríamos que nos ...... sobre su situación económica la mayor ...... posible. ...... estamos seguros de que son solventes, ... asegurarnos de que pueden hacer ...... a facturas ...... de hasta $50,000. Naturalmente, ... información que nos ...... será confidencial. Les saluda atentamente Troy Balles, Director de Ventas.

UNIT 11 — CANCELLATIONS AND ALTERATIONS – CANCELACIONES Y ALTERACIONES

Carta 11.1

Muy señores nuestros: Les rogamos que ...... nota del ...... error en nuestro pedido A/ 147B del 5 de octubre .... En ...... de: Cajas para 20 discos compactos, ... decir: Cajas para guardar 10 audio casetes. Les ...... que nos ...... esta lamentable .... Les saluda atentamente Jorge Merino, Departamento de ....

Carta 11.2

Muy señores nuestros: El 4 de enero les ...... un igualador gráfico Voximond que ...... entregar al final del mes. Al ...... nuestro ...... nos hemos dado ...... de que nuestras ...... nos ...... para el mes que ...... y, por lo tanto, ... cancelar este pedido. Esperamos que, ... esta cancelación, en ...... de nuestras largas ...... comerciales. Les saluda atentamente Alfonso Nieto, Gerente.

Carta 11.3

Muy señores nuestros: ...... recibo de su carta del 9 de octubre ...... la que nos ...... la imposibilidad de ...... nuestro pedido No. 875/326 de ...... con los detalles previamente .... Lamentamos tener que recordarles que ...... bien claro que era esencial que ...... la fecha de ...... y por lo tanto nos ...... forzados a cancelar este pedido. Les saluda atentamente Eduardo Casas, Jefe de Compras.

Carta 11.4

...... señora: Ref: Nuestro pedido No. A/5423 de calcetines de sport. Como no ...... usted estos artículos en ......, le agradeceríamos que ...... nuestro pedido de ...... de 8 pares de calcetines de sport y lo ...... por juegos de 10 pares de ...... de sport del ...... color que los calcetines. Adjuntamos una nota de pedido ...... modificada. Le ...... que nos confirmara lo antes posible si ...... este cambio. En espera de una ...... favorable, le saluda atentamente, Carmen Cabrera, Jefa de Compras. ......: Nota de pedido

UNIT 12 — INTRODUCING A NEW SALESPERSON – PRESENTANDO A UN NUEVO VENDEDOR

Carta 12.1

Estimado Sr Balmaña: Tenemos el ...... de ...... la visita a Javea de nuestro nuevo ......, Brian Rothwell, con una ...... completa de nuestras nuevas .... Le visitará durante la semana que viene. Estamos ...... de que ...... a Mr Rothwell ...... y ...... y de que usted apreciará sus ...... profesionales. Esperamos que ...... reciba ...... en Javea y que le ...... algún pedido, lo que ...... nuestra máxima atención. ...... saludos de Ricardo Moro, Director Gerente.

Carta 12.2

...... Sr Sopelana: Nos ...... mucho saber que ...... interés en nuestro ...... de producto. ...... el gusto de ...... de que nuestro representante, F. Franco, ... en su zona ...... de ...... con muestras de ...... nuestra gama de productos. Le ...... que nos informe de ...... considera ...... una visita a fin de ...... una entrevista. Le saluda muy atentamente José Masiá, Jefe de Ventas.

Carta 12.3

Muy señor nuestro: Nuestro nuevo ...... en su ......, Bill Davey, ... el gusto de ...... la semana que viene. El ...... le informará de la ...... y hora de su visita y ...... que le reciba con .... Si ...... hacernos algún pedido, le ...... que se lo ......, como de ......, con la máxima atención y .... Esperando que esto ...... de su ......, le saluda muy atentamente Nicky Marchant, Jefe de Ventas al ....

Carta 12.4

...... señora: Tenemos mucho gusto en ...... a John Higgins, nuestro ...... representante en ...... zona. Tendrá mucho gusto en ...... una colección de nuestros ...... modelos. ...... destacar en particular la ...... calidad de los modelos en acero ...... que se venden a precios ...... competitivos. Esperamos ...... el gusto de recibir un pedido, ..., ... será ......, ..., con nuestro máximo .... Le saluda muy atentamente Martin Goldsmith, Director.

UNIT 13 — INSURANCE – SEGUROS

Carta 13.1

Estimado Mr Jones: ...... recibo su carta del 12 de julio ...... con el formulario de .... Tenemos el gusto de ...... de que estamos preparando su ...... de seguros, la que ......

antes del final del mes. ...... está usted, ..., por supuesto. Adjuntamos una nota de .... Le saluda atentamente Fernando Bobadilla, Director de la Agencia.

Carta 13.2
Muy señores nuestros: ...... tener que informarles que la mercancía ...... por nuestro agente de Vigo en el ...... "Lincoln" ...... en muy malas condiciones. Adjuntamos un informe de ...... que confirma el .... Sírvanse tomar nota de que ...... los daños en £500. El cargo .... contra todo ...... por nuestra oficina de Londres. Les ...... que acepten la ...... estimada por su ...... experto y que ...... esta ...... con la mayor brevedad posible. Les saluda atentamente Ignacio Santo. ......: Informe de Aduanas.

Carta 13.3
Muy señores nuestros: Cuando nuestro ...... llegó a Montilla esta mañana.., la ...... observó que varias de las ...... de su ...... habían sido dañadas. Al ...... notificados sobre la mercancía, pedímos ...... a nuestro ...... que examinara la carga. Las ...... estaban completas, pero algunas habían sido ......, por ejemplo, 2 mesas antiguas de nogal y 12 ...... de sillas Chippendale. Adjuntamos el informe del asesor por ...... y también una carta de la naviera confirmando que se ...... los daños en cuanto el barco llegó a .... Les agradeceríamos que ustedes ...... el problema con los aseguradores. El número de la ...... de seguro es p/96106. Mientras tanto, les rogamos que ...... la mercancia dañada ...... citada, ya que tenemos clientes que esperan la .... Le saluda atentamente Santiago de Guzmán.

UNIT 14 — *AGENCIES* – APERTURA DE SUCURSALES

Carta 14.1
Muy señores nuestros: Vendemos una ...... considerable de conservas inglesas a ...... partes de España y nos interesaría ...... un agente que ...... el mercado y ...... las ventas Los ...... en cuestión consisten en una ...... selección de mermeladas y .... Ser López S.A. (...... en azúcar) de Valencia nos ha ...... a ustedes y ...... mucho gusto en nombrarles exclusivos en España. Les enviaríamos la mercancía ...... sus instrucciones ...... que estamos familiarizados con los ...... y ...... de nuestros clientes en el ...... y sabemos que éstos   variar de una región a otra. ...... una lista de precios que les ...... una idea de las ...... que producimos. Como ...... las dificultades de ...... un producto nuevo en el mercado local, estamos ...... a pagar una comisión de un 15% del valor ...... de las ventas. Estamos ...... de que esta relación ...... mutuamente ...... y esperamos que acepten nuestra oferta. Agradeceríamos una pront ...... a fin de ...... preparar una oferta de ...... con tiempo. Les saluda muy atentamente Jason Whitney, General Manager, Croydon Conserves plc.

Carta 14.2
Estimado Mr Wilson: ...... recibo de su carta del 7 de febrero ...... la representación para sus ...... de carnes. Tenemos mucho ...... en aceptar su oferta ...... debemos informarle que ...... nos interesa si nos ...... la ...... exclusiva, ya que la ...... para carnes en conserva es ...... limitada a causa de la ...... local. ......, la preferencia por los productos ...... que dificultaría la expansión ...... del mercado para conservas inglesas. En estas ......, creemos que la competencia de otro agente no ...... nuestros .... Si está ...... a concedernos la ...... para toda España, estamos ...... de que nuestra ...... y valiosa ...... de contactos nos ...... introducir sus productos con gran ...... en todo el país. Le saluda atentamente Miguel Vicente Pelayo.

UNIT 15 — OVERSEAS PAYMENTS – PAGOS AL EXTRANJERO

Carta 15.1

Estimado Mr Sanderson: Le agradecemos su ...... nuestro equipo contra incendios. ......
este equipo a compañías como la ...... en todas partes del mundo y ...... mucho gusto
en ...... un pedido contra carta de crédito emitida por un banco internacional ....
Esperamos tener el ...... de recibir pronto la carta de crédito y ...... despacharemos su
pedido como hacemos .... Le saluda atentamente Vicente Pitaque, Director Gerente.

Carta 15.2

Muy señores nuestros: Ref.: Su pedido No. JK/9630. Acusamos recibo de su pedido
de .... Estamos preparando la ...... de tableros magnéticos blancos para .... Nuestro
agente nos ha informado de que ...... por carta de crédito a nuestro favor válida ...... el
30 de junio de 19.. y estamos ...... a aceptar estas .... En ...... nuestro banco confirme el
crédito, ... la mercancía ...... sus instrucciones. Les saluda muy atentamente Pablo de
Henares, Jefe de Ventas.

Carta 15.3

Muy señores nuestros: Con ...... a su carta del 19 de marzo, ... el gusto de ...... de que
hemos ...... instrucciones al Banco Hispano Americano en Zamudio para que ...... un
crédito a su favor de £5.000 válido ...... el 30 de junio de 19... Este crédito será ...... por
el Barclays Bank de Guernsey y será ...... cuando reciban su letra de cambio. Les
rogamos que se ...... de que ...... incluidos todos los documentos necesarios:
Certificado de ...... por duplicado, 1 Factura de ......, cobertura de ...... por valor de
£7,500 y 4 facturas comerciales por .... Les saluda atentamente Peter Horton, Jefe de
....

UNIT 16 — JOB APPLICATIONS – SOLICITUDES DE EMPLEO

Carta 16.1

Muy señores nuestros: ...... que tomaran en consideración .... para el puesto
de Secretaria Bilingüe con AGCOM S.A. ...... en "El Pais" el lunes 5 de octubre de 19...
Adjunto un currículum ...... detalles de mi ...... y calificaciones hasta este momento. En
...... generales es como ......: Después de finalizar mis estudios ...... en 1982 estudié a
tiempo ...... el español y el alemán. Durante los ...... seis años he trabajado como
secretaria en el Departamento de .... en Selby plc, donde ...... la
responsabilidad de toda la correspondencia .... En este tiempo he ...... un sistema
nuevo de ...... y he modernizado los ......   de trabajo de toda la oficina. Habiendo
trabajado en este ...... durante algún tiempo, me ...... tener mayor responsabilidad en
este campo y a ...... tener la oportunidad de hacer ...... a las exigencias de un nuevo
puesto. Les agradecería que me concedieran una ...... a fin de decidir si este puesto es
...... para mí. Les saluda muy atentamente Kathleen O'Houlihan.

Carta 16.2

A la ...... del Sr Alonso. Estimado Sr Alonso: ...... los últimos cuatro años he ...... como
única secretaria en una ...... pero próspera compañía y ...... solicitar el puesto de
secretaria ...... anunciado en "The Times" del 12 de enero de 19... Como secretaria
personal del ...... de James Young plc de Southampton, tengo no ...... responsabilidad
de la oficina de día en día, ... de toda la correspondencia extranjera, ... en español y
portugués, ... que exportamos a muchos ...... sudamericanos. Mis responsabilidades
...... también trabajo de una naturaleza más personal, como ...... citas, ... a llamadas
telefónicas, recibir visitas y ...... todo el trabjo administrativo y correspondencia de Mr
Young. Con toda esta experiencia, estoy ...... con los ...... de una secretaria ejecutiva y
creo que no le .... Adjunto mi currículum y le agradecería que me ...... la

oportunidad de discutir mis títulos en persona. Tendré mucho gusto en ...... a una entrevista cuando lo ...... conveniente. Mi número de teléfono es el 01-671-9860 y puede ...... un recado en el ...... automático. Le saluda muy atentamente Jennifer Hinchcliffe.

Carta 16.3

Puesto de Asistente de Información Turística: Muy señores nuestros: Con referencia a su ...... en "The Guardian" de hoy, les ...... que tomen en consideración mi solicitud para el puesto de .... Tengo las ...... calificaciones y experiencia: Estudié en la Universidad de Kent donde ...... una ...... en Lenguas Modernas (español y francés). También ...... el Diploma Superior en Español Comercial de la Cámara Española de Comercio en Londres. ...... de licenciarme en 1987, ... para una agencia ...... como correctora de pruebas para una ...... mensual sobre el comercio al por mayor en España. Entretanto asistí a clases ...... de Ciencias Empresariales y análisis de .... Estoy segura de que si me ...... la oportunidad, podré hacer ...... a todos los aspectos del trabajo que se me ...... como Asistente de Información Turística. Domino .... y conozco muchas zonas de España ya que estudié en Valencia durante un año y ...... para hacer muchas excursiones. Esperando que ...... favorablemente mi ......, les saluda muy atentamente Rita Gillet.

UNIT 17 — REPLIES TO JOB APPLICATIONS – CONTESTACIONES A SOLICITUDES DE EMPLEO

Carta 17.1

Estimada Miss Billings: Acusamos recibo de su carta ...... el puesto de secretaria. ...... presentarse en nuestras oficinas para una ...... el miércoles, 13 de marzo, a las 14.30. Si no le ...... la fecha o la hora, le ...... que informe de ello a mi secretaria y ...... de encontrar otro momento ...... conveniente. Le saluda muy atentamente Pedro Torrelaguna, Jefe de Personal.

Carta 17.2

Estimado Sr Alvargonzález: Con referencia ...... su carta del lunes 12 de enero, ... que confirmarle que hemos decidido ofrecerle ...... puesto de analista de sistemas en ...... compañía. Adjunto las tres copias de nuestro ...... de trabajo. Le ...... que firme dos de ...... y que las ...... a mi secretaria lo antes posible. También ...... adjunto un folleto ...... todos los detalles de nuestro plan de pensiones, vales de ......, club de ...... y excursión anual. Si tiene usted alguna ...... sobre las ...... del contracto, le ruego que se ...... en contacto conmigo. Atentamente, Rosemary Giggins.

Carta 17.3

Estimado Mr Fish: Le agradecemos su ...... visita para ...... un puesto de trabajo. ...... de haber deliberado y ...... nuestra conversación la semana pasada, he ...... a la conclusión de que por el momento no puedo ...... empleo en nuestra compañía. Como ya le ...... cuando nos vimos, guardaremos su ...... en nuestros ...... para futura referencia ...... regularmente necesitamos personal de ...... temporales. Me ...... de haber tenido la ocasión de poder ...... la explicación tan elocuente de su ...... y espero que esta decisión no le ...... demasiado. Le saluda muy atentamente Diego de Santo, Personal.

UNIT 18 — PERSONAL REFERENCES – REFERENCIAS PERSONALES

Carta 18.1

Estimado Sr Velarte: Tengo ...... de solicitar el puesto de Representante de Ventas con J. Rothwell & Co., de Madrid y ...... incluir su nombre en mi lista de .... Como está usted perfectamente ...... con mi trabajo en Llama Gabilondo y Cia. S.A. puede ...... a J. Rothwell una justa ...... de mi capacidad. Adjunto un ...... con dirección y ...... para su respuesta. Le saluda atentamente John Bridges.

Carta 18.2

Estimada Sra Ortega, He ...... el puesto de secretaria bilingüe con Transworld Travel en Oviedo. Como usted me ...... para ...... mis estudios de español y me ...... a prepararme ...... los exámenes finales da la ...... de Comercio de España en Londres, le agradecería si ...... la amabilidad de escribirles una carta .... Adjunto un sobre ...... al Sr de Carlos, Jefe de Personal de Transworld. Un cordial saludo de Emily Goodman.

Carta 18.3

PERSONAL Y CONFIDENCIAL - Estimada Sra Codina: Tengo mucho gusto en ...... la información que ...... sobre Mary Stevens. Esta información es, sin ......, confidencial. Miss Stevens trabajó en ...... con nosotros como secretaria general y ocupó el puesto de secretaria ...... Director de Ventas al Extranjero en 1987. ...... ser competente, muy ...... y de toda .... Estoy seguro de que será una ...... ideal si deciden ...... el puesto que .... Le saluda atentamente Juan Carlos Gómez, Director General, Aguirre Española, S.A.

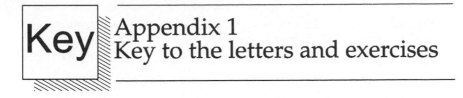

Unit 1

Carta 1.1

Dear Sir, We acknowledge receipt of your brochure presenting the latest items in your Weedolex range. We would be very grateful if you could send us further details of your products. Yours faithfully, Manager.

a)   A brochure.
b)   Further details of his products.

Carta 1.2

Dear Sir, We have been particularly attracted by your steering wheel locks model X3/27 on page 43 of your brochure. Could you possibly let us know if you are in a position to deliver direct? Yours sincerely,

a)   From the brochure.
b)   To ask if the company can deliver direct from the factory.

Carta 1.3

Dear Sirs, We were very interested to receive your letter of 8 June announcing the launching of your new hydraulic jacks. Could you possibly send us the address of the distributor for our area? Yours faithfully,

a)   To seek information about the launching of a new product.
b)   No, he wants to buy from a local dealer.

Carta 1.4

Dear Sirs, We would like to add your special range of coats to our silk and woollen business. We shall be grateful if you will send us your current price list and let us know your conditions for delivery overseas. Yours faithfully, Overseas Sales Manager.

a)   By including a special range of coats.
b)   A current price list and the conditions for delivery overseas.
c)   She is the Manageress in charge of overseas sales.

Drills

1)
a)   El Director acusa recibo de su carta con los últimos modelos de su gama de copas de cerámica decorada.
b)   Acusamos recibo de su folleto con sus últimos precios actuales.
c)   Los socios acusan recibo de su prospecto con los últimos modelos de su gama de distribuidores automáticos.
d)   Acusamos recibo de su lista con sus propuestas provisionales.

2)
a)   Nos ha llamado mucho la atención el tubo de escape, modelo ZX42, que aparece en la página 6 de su carta.

b) Me han llamado mucho la atención los utensilios de cocina, modelo A-98-3, que aparecen en la página 4 de su prospecto.
c) Les ha llamado mucho la atención el yate, modelo 1400B, que aparece en la página 3 de su folleto.
d) Le han llamado mucho la atención las tiendas de campaña, modelo 45/A, que aparecen en la página 2 de su lista.

3)
a) He leído con interés su comunicación del trece de agosto anunciando el lanzamiento de su nuevo producto.
b) El Director ha leído con interés su carta del diez de mayo anunciando el lanzamiento de su nuevo servicio de mantenimiento después de venta.
c) Los socios han leído con interés su folleto del veintiuno de enero anunciando el lanzamiento de su nuevo plan de pensión.
d) Hemos leído con interés su carta del ocho de junio anunciando el lanzamiento de su nuevo horario de reparto.

Ejercicio 1.1

Muy señor nuestro: Acusamos recibo de su folleto y nos gustaría incluir su gama de equipos especiales en nuestra colección de artículos de equipos de limpieza industrial. Les agradeceremos que nos envíen una lista de precios actuales e información sobre las condiciones de envíos al extranjero. Le saluda atentamente María Costa, Directora de Ventas al Extranjero.

Ejercicio 1.2

Muy señor nuestro: Nos ha llamado mucho la atención el candado para volantes, modelo X3/27, que aparece en la página 43 de su folleto. Sírvase informarnos de si tiene algún distribuidor en nuestra zona. Le saluda atentamente, Miguel J. Rodrigo.

Ejercicio 1.3

Muy señor nuestro: Acusamos recibo de su folleto con los últimos modelos de su gama Cromático. Nos gustaría incluir su gama especial de equipos en nuestra colección de artículos de sartenes multiuso y cazos antiadherentes. Les agradeceremos que nos envíen una lista de precios actuales e información sobre algún distribuidor en nuestra zona. Atentamente, R.G. Rumbold.

Unit 2

Carta 2.1

Dear Sir, Following your request for information, we enclose an illustrated brochure on our SELTEK range. We hope to have the pleasure of hearing from you again. Yours faithfully,

a) Gloria Cirera did.
b) An illustrated brochure.
c) Ophthalmic instruments.

Carta 2.2

Dear Mr Bronson, In answer to your letter of 25 January, 19—, we are pleased to send you our latest catalogue. Do not hesitate to contact us again if you require further information. We thank you for your interest in our products. Yours sincerely,

a) He was asking for a catalogue.
b) The greeting, **Estimado Mr Bronson.**
c) He is the Overseas Sales Manager.

Carta 2.3

Dear Madam, We thank you very much for your interest in our Purtex range - aluminium trays for bulk storage of frozen food - A1 and A5. Our representative will supply you with all supplementary information and will advise you on the types that will suit your particular requirements. Yours faithfully,

a) Aluminium trays.
b) Probably a catering business.
c) Because he is sending a representative.

Carta 2.4

Dear Sir, We have received your letter of 10 August in which you request details of our range of bottles, pots and wide-necked containers for the packaging of food products, medicines and toiletries. Please find enclosed our latest catalogue as well as our updated price list. We hope to have the pleasure of receiving an order from you in the near future and remain, Yours faithfully,

a) It requested details of the company's products.
b) Containers for food, medicine and toiletries.
c) Their current price list.
d) Anexo, Adjunto or Adj.

Drills

1)
a) Con referencia a su carta adjuntamos un folleto ilustrado completo sobre nuestra gama de camisolas con divertidos estampados delanteros.
b) Con referencia a su comunicación el Sr Sahuquillo adjunta un folleto ilustrado completo sobre su gama de sortijas de plata de ley.
c) Con referencia a su llamada telefónica los socios adjuntan un folleto ilustrado completo sobre su gama de pantalones con pinzas y cuatro bolsillos.
d) Con referencia a su carta adjunto un folleto ilustrado completo sobre mi gama de Porta-Plantas — 38 y 35 cm de alto; 20 y 17 cm de diam.

2)
a) Como contestación a su llamada telefónica del 14 de diciembre de 19--, nos complace enviarle nuestro último folleto ilustrado.
b) Como contestación a su comunicación del 23 de abril de 19--, nos complace enviarle nuestra lista actualizada.
c) Como contestación a su carta del 19 de octubre de 19--, nos complace enviarle nuestras últimas muestras.
d) Como contestación a su pregunta del 5 de julio de 19--, nos complace enviarle nuestros últimos términos.

3)
a) El Director ha recibido su comunicación del 18 de marzo en la que nos pedía información sobre nuestra gama de camisas a rayas.
b) He recibido su llamada telefónica del 3 de febrero en la que nos pedía información sobre nuestra gama de zapatillas.

c) Los socios han recibido su pregunta del 9 de septiembre en la que nos pedía información sobre nuestra gama de cinturones — tallas 75 cm – 80 cm, negros, 1.600 ptas.

d) Mi socio y yo hemos recibido su carta del 27 de junio en la que nos pedía información sobre nuestra gama de conjuntos con cuello, puños y bajo, con dibujo en blanco y negro al contraste.

Ejercicio 2.1

Muy señor nuestro: Como contestación a su carta del 5 de febrero de 19--, nuestro representante le facilitará toda la información que necesite y le aconsejará sobre los modelos más apropiados para sus requisitos personales. Le saluda atentamente Rafael Jiménez, Director.

Ejercicio 2.2

Muy señores nuestros: Les agradecemos mucho su interés en nuestros modelos de relojes analógicos. No duden en ponerse en contacto con nosotros de nuevo si necesitan más información. Esperamos tener el gusto de recibir un pedido suyo en un futuro próximo.

Ejercicio 2.3

Estimado Sr Uribe: Como contestación a su carta del 7 de julio 19--, nos complace enviarle nuestro último catálogo y nuestra lista de precios actualizada. Esperamos tener el gusto de recibir un pedido suyo en un futuro próximo. Le saluda atentamente Víctor González, Director de Ventas.

Unit 3

Carta 3.1

Dear Sr Gutiérrez, After having examined your brochure presenting your water-cooled circular saws, we would like to place an order for: 100 Code No: 900 54000 diameter thickness 230 mm, cutting thickness 2.2 mm. 250 Code No: 900 54200 diameter 300 mm, cutting thickness 3.2 mm. Hoping that this will mark the beginning of a mutually profitable relationship between our two companies, we remain, Yours faithfully, Rafael Muguruza, Jefe de Exportación.

a) Water-cooled circular saws.
b) Because Sr Murgurza hopes that his order will mark the beginning of a mutually profitable relationship.

Carta 3.2

Dear Sr Figueras, After having examined the catalogue that you recently sent us, we have pleasure in sending you herewith an order for trouser skirts, length 95 cm, with belt, and button back fastening: 50 maroon, sizes... 50 black, sizes... Please send the goods by air. Yours faithfully, Ramón Rojas.

a) By the friendly opening.
b) Yes, he wants it sent by air.

Carta 3.3

Dear Sir, We have received your letter of 5 September. We have pleasure in placing an order for 30 stepladders with top platforms, aluminium steps and supporting straps in the open position. Reference: 321.45 - 10 Height 85cm/4 steps/3 kg etc. Please arrange delivery by train. Yours faithfully,

a)   Hardware.
b)   To the railway station.

Carta 3.4

Dear Sirs, Following our telephone conversation of 10 May last, we are ordering : 15 non-return valves, 10 automatic regulator taps - DN 10-250 , series 6000-4500. Please send the goods by normal cargo service. Hoping that you will expedite the order with your usual care, we remain, Yours faithfully, Juan Muñoz, Director.

a)   He had a telephone conversation with the supplier.
b)   By the normal cargo service.
c)   Because he uses the phrase **con su cuidado habitual.**

Drills

1)
a)   Después de haber examinado su carta tengo el gusto de hacerle el siguiente pedido: 30 ventiladores de automóvil.
b)   Después de haber examinado su catálogo el Sr Cortés tiene el gusto de hacerle el siguiente pedido: 10 compresores a pedal.
c)   Después de haber examinado su folleto nuestros clientes tienen el gusto de hacerle el siguiente pedido: 15 estuches de herramientas.
d)   Después de haber examinado su lista tenemos el gusto de hacerle el siguiente pedido: 35 dispensadores de bebidas.

2)
a)   Habiendo examinado la lista que nos envió recientemente me complace adjuntar el siguiente pedido de sus planchas a vapor.
b)   Habiendo examinado el folleto que le envió recientemente le complace al Director adjuntar el siguiente pedido de sus mesitas nidos.
c)   Habiendo examinado el catálogo que nos envió recientemente nos complace adjuntar el siguiente pedido de sus colgadores de zapatos.
d)   Habiendo examinado la carta que me envió recientemente me complace adjuntar el siguiente pedido de sus paños de cocina.

3)
a)   Me complace hacer un pedido de 25 albornoces de baño.
b)   Al Sr Rivas le complace hacer un pedido de 40 vaqueros tejanos.
c)   Me complace hacer un pedido de 20 auriculares estéreos.
d)   Nos complace hacer un pedido de 10 relojes despertador "Stop".

Ejercicio 3.1

Muy señor nuestro: Habiendo examinado el catálogo que nos envió recientemente, nos complace adjuntar el siguiente pedido de 100 bujías CX143/2. Le rogamos que envíe la mercancía por ferrocarril. Le saluda atentamente Luis Ortúar, Jefe de Compras.

Ejercicio 3.2

Muy señor nuestro: Después de haber examinado su folleto con equipo médico, nos complace adjuntar el siguiente pedido de 1,000 jeringas. Le rogamos que envíe la mercancía por avión. Esperando que la entrega de este pedido se efectúe rápidamente y con su cuidado habitual, le saluda muy atentamente Miguel Coello, Jefe de Compras.

Ejercicio 3.3

Estimado Sr Caballero: Habiendo examinado el catálogo que nos envió recientemente nos complace adjuntar el siguiente pedido de juntas de culata. Le ruego que nos envíe la mercancía por avión. Esperando que éste sea el principio de una relación mutuamente provechosa entre nuestras dos compañías, le saluda atentamente K. Morell, Jefe de Compras.

Unit 4

Carta 4.1

Dear Sirs, We thank you for your order No: 321/4-9, for:- 200 kilos of Kenya coffee, quality No: 493 @ £4.40 per kilo. The goods will be sent today by rail. Yours faithfully, Gabriel Dorrado, Sales Manager.

a) A chain of grocers.
b) The same day.

Carta 4.2

Dear Sirs, We thank you for your letter of 4 November and the enclosed order. We will let you know when we are able to confirm shipment of the goods. Thanking you again for your order, I remain Yours faithfully, Benito de Riscal, Sales Manager.

a) An order.
b) To confirm that the goods have been sent.

Carta 4.3

Dear Sirs, I have pleasure in acknowledging receipt of your current order regarding the aluminium sheeting and the polyethylene laminate. We have all the articles in stock and everything should be ready for shipment at the end of the coming week. Yours sincerely, Carlos Biagorri, Sales Manager.

a) By the end of the coming week.

Carta 4.4

Dear Madam, We are happy to inform you that your order No: 264/3613 of 6 June is in hand. The packets will arrive before the end of the month. We would be grateful if you would inform us when the goods arrive. Hoping that this arrangement is acceptable, I remain Yours faithfully, Luis Secades, Export Manager.

a) They will arrive before the end of the month.
b) The arrangement is that the client should inform him when the goods arrive.

Drills

1)
a) Les agradezco su pedido número 45/9A de bañador con estrellitas y rayas de colores.
b) Les agradece su pedido número 0001-8 de juguetes no tóxicos, 10 muñecos con biberón y 10 muñecos de goma.
c) Les agradecen su pedido número A453.7 de 20 respaldos de madera.
d) Les agradecemos su pedido número B/452 de alarmas de coche.

2)
a) Los paquetes se enviarán mañana por furgoneta.
b) La entrega se enviará al final de la semana que viene por ferrocarril.
c) Los contenedores se enviarán mañana, el día ocho, por avión.
d) El cajón se enviará pasado mañana por servicio de transporte ordinario.

3)
a) Le agradeceré que me informe cuando lleguen los contenedores.
b) Los clientes le agradecerán que les informe cuando llegue la entrega.
c) Le agradeceremos que nos informe cuando lleguen los paquetes.
d) El Sr Fidalgo le agradecerá que le informe cuando llegue el cajón.

Ejercicio 4.1

Muy señores nuestros: Les agradecemos su pedido No. 321/49 de 4 juegos de diván y dos sillones y 4 elementos de cocina. Tenemos todos estos artículos en almacén y estarán listos para ser enviados la semana que viene. La mercancía se enviará hoy por ferrocarril. Esperamos que esto sea de su agrado. Le saluda atentamente Miguel de Ardoz, Jefe de Ventas.

Ejercicio 4.2

Señores: Acusamos recibo de su carta del 4 de noviembre y del pedido adjunto. Los paquetes llegarán antes del final del mes. Esperando que esto sea de su agrado, les saluda atentamente José Suárez, Jefe de Ventas.

Ejercicio 4.3

Muy señores míos: Acuso recibo de su pedido de los conjuntos coordinados 11 piezas (antimanchas, reverso antideslizante). La entrega llegará antes del final del mes. Le agradeceremos que nos informe cuando llegue la mercancía. Le saluda atentamente, Pedro Hernández, Director.

Unit 5
Carta 5.1

Dear Sirs, Following our order No: A/9753 of 5 February, we would like to point out that the 20 sets of triple mirrors 140 - EQUINOX 8490 must be delivered with fixing screws, internal lighting, plugs and switches to our Santander branch. On the other hand, order No: 867/343 must be sent to our warehouse in Valencia. The mirrors should be in bales covered in sacking with metal strapping. Yours faithfully, Fernando R. Cerezo, Managing Director.

a) It is from a client.
b) An adjustable mirror with three parts.
c) To the branch in Valencia.
d) In sacking bales with metal strapping.

Carta 5.2

Dear Sirs, We have received your order of 5 January. The goods will be sent tomorrow to your depot in Pamplona, according to your instructions. All the containers are clearly marked with the accepted international sign - "Fragile" top and bottom. We thank you for your order and remain Yours sincerely, Pedro de Eizaguirre, Export Manager.

a)   A supplier.
b)   The Export Manager.
c)   To the Pamplona depot.
d)   The containers carry the international marking "Fragile" top and bottom.

Carta 5.3

Dear Sirs, Following your letter of 8 August, the following are the details concerning the shipment of our order No: A/765. Each article must be packed in special cases to avoid all risk of damage during transport. Please deliver the goods to our shipper's warehouse and send the bill in duplicate. Yours faithfully, Patricio Berges.

a)   A client.
b)   The letter requests details of delivery requirements.
c)   He will send them on to Sr Berges.

Carta 5.4

Dear Madam, As you requested in your letter of 8 March, we are sending you 20 x 50 kg cases of edible snails by refrigerated container from the port of Bilbao to Dover. We hope that they will arrive quickly and in good condition, that you will be satisfied with the quality of our products and that we shall have the chance to do business with you again. Yours faithfully, Manuel Ortúzar, Director.

a)   It placed the order.
b)   By his closing remarks.

Drills

1)
a)   Con referencia a nuestro pedido del 9 de julio debemos señalar que la valija deberá ser entregada a mi sucursal de ventas en Alicante.
b)   Con referencia a nuestro pedido del 18 de agosto debemos señalar que los marcos de aluminio deberán ser entregados a los almacenes de Algeciras.
c)   Con referencia a nuestro pedido del 26 de octubre debemos señalar que el remolcador deberá ser entregado a mi fábrica en Madrid.
d)   Con referencia a nuestro pedido del 14 de diciembre debemos señalar que los prismáticos con estuche deberán ser entregados a nuestro taller de reparaciones en Coslada.

2)
a)   El envío se enviará, de acuerdo con sus instrucciones, a su almacén de Madrid lo antes posible.
b)   Los contenedores se enviarán, de acuerdo con sus instrucciones, a su tienda de Sotogrande lo antes posible.
c)   El cajón se enviará, de acuerdo con sus instrucciones, a sus almacenes de Oviedo lo antes posible.
d)   La secadora centrífuga se enviará, de acuerdo con sus instrucciones, a su sala de muestras en Cádiz lo antes posible.

3)
a)   Como solicitaba en su llamada telefónica del 27 de junio le enviamos los ordenadores por ferrocarril de Madrid a Pamplona.
b)   Como solicitaba en su télex del 28 de enero le enviamos las jardineras (2 pisos) por avión de Barcelona a Gatwick.

c) Como solicitaba en su comunicación de 7 de febrero enviamos los manteles (tamaño 150 cm) por mar de Bilbao a Newhaven.

d) Como solicitaba en su fax del 18 de agosto enviamos los edredones nórdicos por carretera de Barcelona a Perpignan.

Ejercicio 5.1

Muy señores nuestros: Con referencia a nuestro pedido No. A/54 del 9 de marzo debemos señalar que el envío deberá ser entregado a nuestra filial de Narbonne. Todo el embalaje lleva claramente marcado arriba y abajo el símbolo internacional"Fragile" y "Mantengan de pie". Les agradecemos su pedido y quedamos a su entera disposición. Les saluda atentamente José Ramón Baró, Director Gerente..

Ejercicio 5.2

Señores: La mercancía se enviará mañana, de acuerdo con sus instrucciones, a su almacén de Tarragona. Cada artículo deberá ser embalado en una caja especial para evitar el riesgo de daños durante el transporte. Esperamos que lleguen con rapidez y en buenas condiciones, que aprecien la calidad de nuestros productos y que tengamos la oportunidad de servirles de nuevo en el futuro. Les saluda atentamente Salvador de Asva, Director.

Ejercicio 5.3

Estimado Mr Green: Con referencia a su carta del 20 de septiembre adjuntamos los detalles del envío del pedido No. 23/1A. Esperamos que lleguen con rapidez y en buenas condiciones. Esperando que aprecien la calidad de nuestros productos y que tengamos la oportunidad de hacer negocios de nuevo con ustedes en el futuro, Atentamente.....

Unit 6

Carta 6.1

Dear Mr Berry, We have received the trial order consisting of the above-mentioned articles which arrived in perfect condition. If, as we hope, our customers like your suntan products, we shall be pleased to order larger amounts from you. Yours sincerely, José Luis Gaminde, Director.

a) To inform D.B. Cosmetics that they have received the trial order.

b) If the products are popular with his customers.

Carta 6.2

Dear Sirs, We thank you for your consignement of 26 June which arrived this morning within the time required and in good condition. The invoice and the goods tally perfectly. We hope to be in a position to send you an identical order shortly. Yours faithfully, Nicolás Salinas, Director.

a) By the phrase **en la fecha acordada.**

b) An invoice

c) Almost certainly.

Carta 6.3

Dear Sirs, We are happy to confirm the arrival of after-shave lotions Samarkand (No 1) and Jamaique (No 3) which we ordered two weeks ago (Nos: 10 & 11 of our order No: 3692). Our van collected the goods from the port yesterday. We hope that the rest of the goods will be delivered soon. Yours faithfully, Modesto de Velasco, Jefe de Compras.

a) He had to wait two weeks.
b) It was sent by ship.
c) No, he has not.

Carta 6.4

Dear Madam, The first part of the consignment of wall cupboards has just arrived by rail. We are happy to confirm that the first batch delivered corresponds perfectly with the delivery note. You may expect a similar order from us shortly. Yours faithfully, Rafael Rodríguez-Cirera.

a) They arrived by rail.
b) He checked the items against the delivery note.

Drills

1)

a) He recibido los vestidos de tirantes (100% Algodón, Tallas 38-40, Negro) incluidos en el citado pedido de prueba que ha llegado en perfectas condiciones.
b) Los señores Costa y Camarillo han recibido los joyeros de madera (10x12x18 cm – 1.995 ptas) incluidos en el citado pedido de prueba que ha llegado en perfectas condiciones.
c) Mr Rothwell ha recibido los dispensadores de bebidas (Fuente de Bruselas, 1.495 ptas) incluidos en el citado pedido de prueba que ha llegado en perfectas condiciones.
d) Hemos recibido las bobinas de hilo (50 colores diferentes – cada una de 10m de hilo 100% Poliéster 495 ptas) incluidos en el citado pedido de prueba que ha llegado en perfectas condiciones.

2)

a) Acuso recibo de los 10 "Dragster" motos eléctricas 4x4 todo terreno que pedí la semana pasada.
b) Mr Wright acusa recibo de los 50 porta-documentos (tipo acordeón). Tamaño: 26,5 cm de largo, 795 ptas que pedimos anteayer.
c) Los clientes acusan recibo de los maletines multiusos de plástico duro especial. Tamaño: 21 cm de alto x 28 cm de ancho R.75 Rosa, R76 Verde, 875 ptas que pedimos la semana pasada.
d) Acusamos recibo de los candelabros decorativos (en poliestireno cristal glaseado – pie y portavelas metal baño plata). Tamaño: 36 cm de alto, 5 brazos, 1.300 ptas, que pedimos el dos del corriente.

3)

a) Mi camión recogió anteayer las linternas de coche del aeropuerto.
b) Nuestros clientes recogieron esta mañana las cortinillas de automóviles de correos.
c) Mi ayudante recogió hoy los estuches de lámparas (código europeo y halógenas) de la estación de ferrocarril.
d) Nuestro agente recogió la semana pasada los zapatos juveniles del almacén.

Ejercicio 6.1

Estimado Mr Constable: Ref.: pedido No. 3265/32, 30 videograbadoras. Hemos recibido los artículos incluidos en el citado pedido de prueba que ha llegado en perfectas condiciones. Nuestra furgoneta recogió ayer estos artículos del puerto. Esperamos poder hacerles muy pronto otro pedido idéntico. Le saluda atentamente Roberto Esparza, Director.

Ejercicio 6.2

Muy señores nuestros: Acusamos recibo de los sillones que pedimos hace quince días (No. 1/A y 1/B en nuestro pedido No. 65-3). Si, como esperamos, nuestros clientes aprecian sus muebles, tendremos mucho gusto en hacerles pedidos de mayor envergadura. Les saluda atentamente Elías Vásquez, Director.

Ejercicio 6.3

Muy señora nuestra: Acusamos recibo del primer envío por ferrocarril de conjuntos muebles terraza y jardín. La factura y los artículos concuerdan perfectamente. Esperando que el resto de la mercancía sea entregado pronto. Le saluda atentamente J. Robertson, Jefe de Compras.

Unit 7

Carta 7.1

Dear Sirs, We have just taken delivery of the articles in our order No: 143/2A. We regret to inform you that the bathroom cabinets with mirror, lighting and shelving, colour: dark maritime pine, are not up to the usual standard. Could you please make the necessary arrangements for the replacement of these articles as soon as possible? In anticipation of a speedy reply, we remain, Yours faithfully, Carlos Sastre, Gerente.

a) Yes, he has.
b) The goods are not up to their usual standard.
c) He wants the company to replace them.

Carta 7.2

Dear Sirs, We regret to inform you that our consignment of a set of weight-training equipment was delivered to us in a bad state. You can understand our disappointment and the fact that we are now returning the damaged items, in the hope that you will replace them immediately. Yours faithfully, Jesús Vique.

a) No, he is not.
b) He wants the damaged items replaced.
c) Because he has already taken action by returning the items.

Carta 7.3

Dear Mr Read, We thank you for the bunk beds in pine which you sent to us according to our order of the 5th instant. Although the boxes were intact, when we unpacked them we discovered that a certain number of the items were broken. We have told the shipper about the damage to the furniture and have kept the boxes and their contents so that they can be inspected. Yours sincerely, García Juan Lafuente.

a) He found out when he unpacked them.
b) To the shipper.
c) So that they can be inspected.

Carta 7.4

Dear Sirs, Your shipment was at last delivered yesterday from the air freight depot. Unfortunately, I regret to have to inform you that the goods were in a very bad state. I would therefore, be obliged if you would send your representative as soon as possible so that he can verify the situation for himself. Yours faithfully, Elías Coteño, Director Gerente, Eurosystems S.A.

a)   By the use of **por fin.**
b)   The fact that the goods were damaged.
c)   He is the General Manager.

Drills

1)
a)   A pesar de que los fajos estaban intactos, cuando los abrí descubrí que la mayor parte de las piezas estaban estropeadas.
b)   A pesar de que el contenedor estaba intacto, cuando el Sr Rosales lo abrió descubrió que media docena de las piezas estaban dobladas.
c)   A pesar de que los paquetes estaban intactos, cuando los abrieron descubrieron que todas las piezas estaban destrozadas.
d)   A pesar de que la caja estaba intacta, cuando la abrimos descubrimos que la escritura estaba ilegible.

2)
a)   Acusamos recibo de los especieros (12 frascos de cristal con cierre hermético) que nos ha enviado de acuerdo con nuestro pedido de hace dos semanas.
b)   Mr Bridges acusa recibo de la tabla de surf que le ha enviado de acuerdo con su pedido del 8 de agosto.
c)   Los señores de Escoda acusan recibo del nuevo coche que les ha enviado de acuerdo con su pedido con fecha del 21 de enero.
d)   Acuso recibo de los chandales que me ha enviado de acuerdo con mi pedido de la semana pasada.

3)
a)   Lamentamos tener que informarle de que los contenedores de bicicletas llegaron rotos anteayer.
b)   El gerente lamenta tener que informarle de que los paquetes de patatas fritas han llegado esta mañana enmohecidos.
c)   Los socios lamentan tener que informarle de que la caja de cartón de manzanas llegó hace tres días en malas condiciones.
d)   Lamentamos tener que informarle de que el envío de caballa ha llegado hoy defectuoso.

Ejercicio 7.1

Muy señores nuestros: Acabamos de recibir la mercancía correspondiente a nuestro pedido No. 187/A. A pesar de que las cajas estaban intactas, cuando las abrimos descubrimos que algunas de las piezas estaban rotas. Por lo tanto les agradeceremos que envíen a su representante lo antes posible para que verifique la situación por sí mismo. Les saluda atentamente Carlos Abascal, Gerente.

Ejercicio 7.2

Muy señor mío: Su envío llegó por fin ayer del almacén del aeropuerto. A pesar de que las cajas estaban intactas, cuando las abrimos descubrimos que un número de piezas estaban rotas. Por lo tanto le agradecería que enviara a su representante lo antes posible para que verifique la situación por sí mismo. Le saluda atentamente Clemente Galdós, Director Gerente.

Ejercicio 7.3

A la atención del Sr P. Alcolea: Muy señor mío: Acusamos recibo de los climatizadores que nos ha enviado de acuerdo con nuestro pedido del 5 de los corrientes. Lamento tener que informarle de que la mercancía ha llegado en muy malas condiciones. Comprenderá nuestro descontento y el hecho de que le devolvemos la mercancía dañada y esperamos que la reponga inmediatamente. Le saluda atentamente José Marull, Director Gerente.

Unit 8

Carta 8.1

Order No: 4365 - 30 dozen wine glasses: Dear Sirs, With reference to your letter of 3 March on the subject of the non-delivery of the above-mentioned wine glasses, our Shipping Department has informed us that the goods were damaged by the storm we had in this area last week. You may rest assured that delivery will be made as soon as possible. Please accept our apologies for the inconvenience that may have been caused by this delay. Yours faithfully, Carlos Burgor.

a) He asked his Shipping Department.
b) Because the goods were damaged by a storm.
c) He is going to send off the order as soon as possible.

Carta 8.2

Dear Miss Colley, We very much regret that we have not yet been able to send you the computer disk labels. We have them in stock, but can find no trace of an order in your name. Could you, in order to help us with our enquiries, send us the date and number of your order? We assure you that we shall give the matter our utmost attention immediately we receive your reply. Yours sincerely, Fernando Gumucio.

a) Because he can not find a record of the order.
b) To send the number and the date of the order.
c) By assuring her that he will give the matter priority.

Carta 8.3

Dear Sirs, We have just realised that we have overcharged you by £400 and you will find a credit note attached for that amount. We are actually in the process of changing computers, which, among other things, has led to a certain amount of duplication of invoices. As soon as things are back to normal, we hope to be able to continue as usual. Please accept our apologies. Yours faithfully, Rosa Clemente Iraizoz, Consumer Accounts.

a) Because she has overcharged the client.
b) Because they are changing computers.

Carta 8.4

Dear Madam, We are very put out to hear that the spring mattresses which we sent you by train came loose in transit and arrived in a damaged condition. We are very sorry for this mistake, which was caused by the carelessness of a new packer. We are, of course, ready to accept full responsibility for the damage and shall immediately replace the articles. Once again we apologise for any inconvenience that this incident may have caused you. Yours faithfully, Ignacio Fidalgo, Shipping Department.

a) They came loose during shipment.
b) It was the fault of a new packer.
c) He has promised to replace the articles immediately.

Drills

1)
a) En contestación a su fax del 21 de octubre sobre el hecho de que no hemos entregado los libros de texto, mi colega me ha informado de que las cajas llegaron estropeadas a consecuencia de la inundación.
b) En contestación a su comunicación del 19 de noviembre sobre el hecho de que no hemos entregado las Bermudas (con pinzas y cintura elástica), el gerente del almacén ha informado a Mr Jackson de que la tela fue chamuscada a consecuencia del incendio.
c) En contestación a su llamada telefónica del 30 de diciembre sobre el hecho de que no hemos entregado los clasificadores de cartas, las mayoristas nos han informado de que los marcos fueron rotos a consecuencia de los embaladores.
d) En contestación a su télex del 15 de abril sobre el hecho de que no hemos entregado las revistas "Primavera", nuestro gerente me ha informado de que las portadas se rompieron a consecuencia de la máquina elevadora.

2)
a) Lamento no haber podido enviarle todavía las camisetas tirantes (rayas azules y 1 liso azul X004.MB.15).
b) Nuestro gerente de distribución lamenta no haber podido enviarle todavía el aparato de gimnasia Ref: R231.N5 – 4.995 ptas.
c) Nuestros clientes lamentan no haber podido enviarle todavía los moldeadores rápidos compactos BRAUN.
d) Lamentamos no haber podido enviarle todavía los cubos de basura con pedal.

3)
a) El Sr Moreras lamenta mucho que el aparejo de pescar que envió por carretera llegase roto.
b) Lamento mucho que la carne de cangrejo congelado que envié por avión llegase derretida.
c) Nuestros clientes lamentan mucho que los cochecitos de niños "Bambi" que enviaron por mar llegasen rasguñados.
d) Lamentamos mucho que los trinchantes que enviamos por servicio de cargamento regular llegasen torcidos.

Ejercicio 8.1

Muy señores míos: En contestación a su carta del 3 de marzo sobre el hecho de que no hemos entregado los ficheros de referencia, nuestros distribuidores nos han informado de que la mercancía sufrió ciertos daños a consecuencia del incendio que tuvimos la semana pasada. En cuanto la situación vuelva a la normalidad, esperamos poder continuar como de costumbre y les rogamos que acepten nuestras disculpas por la molestia. Les saluda atentamente Ramón Lagasca.

Ejercicio 8.2

Muy señores nuestros: Lamentamos no haber podido enviarles todavía los compresores a pedal para uso durante las vacaciones. Les aseguramos que la entrega de este pedido se hará lo antes posible y les rogamos que acepten nuestras disculpas por los inconvenientes que les haya podido causar esta tardanza. Javier Vilaclara, Departamento de Distribución.

Ejercicio 8.3

Muy señores nuestros: Acusamos recibo de su carta del 5 de noviembre. A pesar de que tenemos la mercancía en almacén, lamentamos no haber podido enviarles todavía su pedido. En estos momentos estamos cambiando de ordenadores y ésta ha sido la causa de que, en algunos casos, hemos facturado dos veces. De nuevo les pedimos disculpas por las molestias que hayan podido sufrir. Gerald Arkwright, Gerente de Ventas.

Unit 9

Carta 9.1

Dear Mr Cherrau, We would like to draw your attention to our bill of 4 March. As we have not yet received payment for the last two shipments, we would be very grateful if you would send it as soon as possible. We are sure that this delay is due to an oversight in your accounting department which will soon be rectified and meanwhile we remain, Yours sincerely, María Haya.

a) That Interservicio S.A still owe them for the last two shipments.
b) An oversight in the accounts department.

Carta 9.2

Dear Sirs, We regret to have to remind you that our invoice No: 896/1A dated 8 August has not yet been settled. We ask you to give this situation your most urgent attention. If, as we hope, you have already transferred the amount in question, please take no notice of this reminder. Yours faithfully, Santiago Catalá, per pro The Managing Director.

a) The fact that they have not settled their bill.
b) Payment and an excuse for the delay.

Carta 9.3

Dear Madam, We have received your letter of 12 September in which you draw our attention to the fact that we have overrun the time limit of your last two bills. As we are experiencing temporary financial difficulties, we are sending you half the amount as an instalment and we shall pay the remainder over the next three months. Thanking you in advance for your understanding, I remain Yours faithfully, Antonio Sánchez Uralde. Encl: Cheque.

a) To inform the client that payment is due.
b) By sending an instalment.

Carta 9.4

Dear Sirs, I have received your letter of 8 January concerning the non-settlement of our order A/97867. As you are aware, our policy has always been to settle our accounts with the minimum of delay. However, the damage caused by the storms in the South of England has resulted in serious cash flow problems and we would be very grateful if you would allow us 30 days extra. Thanking you in advance, Yours faithfully, Rafael Tomás Frechilla, Accounts Department.

a) It was a complaint about the non-settlement of the bill.
b) That they have always paid on time in the past.
c) Because of storm damage.

Drills

1)

a) Le ruego que dirija su atención a mi estado de cuenta del 8 de junio.
b) El señor Trapiella le ruega que dirija su atención a su conocimiento de embarque del 14 de noviembre.
c) Le rogamos que dirija su atención a nuestra escritura de venta del 18 de mayo.
d) Las mayoristas les ruegan que dirijan su atención a su letra de cambio del 17 de octubre.

2)

a) Sin embargo, el retraso ocasionado por la huelga ha causado graves problemas económicos por lo que les agradecería que me concedieran una quincena extra de plazo.
b) Sin embargo la demora ocasionada por la interrupción ha causado graves problemas económicos por lo que la señora Iraizoz les agradecería que le concedieran un mes extra de plazo.
c) Sin embargo la obstrucción ocasionada por la helada ha causado graves problemas económicos por lo que les agradecerían los clientes que les concedieran una semana extra de plazo.
d) Sin embargo los daños ocasionados por la lluvia han causado graves problemas económicos por lo que les agradeceríamos que nos concedieran algunos días más de plazo.

3)

a) Siento tener que recordarles que no han liquidado todavía mi cuenta de crédito número 43/A fechada el 16 de julio.
b) Los socios sienten tener que recordarles que no han liquidado todavía sus facturas números B45 & B46 fechadas el 14 de octubre.
c) La señora Castellana siente tener que recordarles que no han liquidado todavía su cuenta por pagar número A-765 fechada el 30 de febrero.
d) Sientimos tener que recordarles que no han liquidado todavía nuestras cuentas número 12/A y 13/A fechadas el 23 de marzo.

Ejercicio 9.1

Estimado señor Galdós: Le rogamos que dirija su atención a nuestra factura del 12 de febrero. Como no ha pagado todavía las dos últimas entregas, le agradeceremos que lo haga con la mayor brevedad posible. Si, como esperamos, ya ha transferido la suma en cuestión, le rogamos que se olvide de este aviso. Estamos seguros de que este retraso se debe a un error en su departamento de contabilidad y de que será rectificado rápidamente. Entretanto, le saluda atentamente Carmen López.

Ejercicio 9.2

Muy señores nuestros: Sentimos tener que recordarles que no han liquidado todavía nuestra factura No. 896-1A fechada el 9 de enero. Les rogamos que se ocupen de este asunto urgentemente. Dándoles las gracias por anticipado, les saluda muy atentamente Teodoro Cuadrado, Departamento de Contabilidad.

Ejercicio 9.3

Estimado señor Mariq: Acabamos de recibir su carta del 25 de mayo con relación al impago de nuestro pedido A/867. En estos momentos tenemos ciertas dificultades económicas, puramente temporales, y por lo tanto le enviamos la mitad de la cantidad debida como primer plazo, el resto se lo enviaremos dentro de los próximos tres meses. Dándoles las gracias por anticipado, le saluda atentamente, J. Bressler.

Unit 10

Carta 10.1

Dear Sir, We have just received an important order from the company whose name you will find on the enclosed slip. Could you please let us have full information on this company's financial position? We would particularly like to know if this company enjoys a sound financial situation and if you consider it advisable for us to let them have goods up to a credit limit of $50,000. You may rest assured that whatever information you send us will be kept strictly confidential. Yours faithfully, D. Spencer, Director.

a) Because he has received a large order from a client wanting to open a credit account.
b) He has enclosed the client's name and address on a separate slip of paper.
c) He wants to know whether it is safe to allow the client goods to the value of $50,000.

Carta 10.2

Dear Sirs, G. Sagese y Co. would like to open an account with us and have given us your name as a reference. We know that you have regular dealings with them so we thought that you, better than anyone else, could give us some information about their financial situation. We would be grateful if you would tell us whether you think it advisable for us to accord them credit. In the hope of a speedy reply, we enclose an international reply coupon. Yours faithfully, Milton Jackson, Export Manager.

a) Because he wants to know the financial status of G. Sagese & Co.
b) Whether it is wise to do business with them on a credit basis.
c) He has enclosed an international reply coupon.

Carta 10.3

Dear Sirs, We would like to know your opinion on Ibáñez S.A. who have given your name as a reference. Before finally committing ourselves, we would be obliged if you would give us your opinion of the quality of their work and after-sales service. We assure you that any information you give us will be treated confidentially. Yours faithfully, Teresa Baker, Manageress.

a) She wants information about the quality of their work and after-sales service.

Carta 10.4

Dear Sirs, Industrias Cortes S.L. have contacted us with a view to placing an important order for household goods. They have given us your name and address and we would, therefore, be very grateful if you would supply us with information on their financial situation as soon as possible. Although we are sure of their ability to pay, we would like confirmation that their financial situation guarantees quarterly payments of up to $50,000. Needless to say, all information will remain confidential. Yours faithfully, Troy Balles, Export Department.

a) A large order for household goods.
b) Every three months.

Drills

1)
a)   Acabo de recibir una propuesta importante de la tienda cuyo nombre adjunto.
b)   Mr Higgins acaba de recibir una transacción importante de la corporación cuyo nombre adjunta.
c)   Los directores acaban de recibir un consejo importante de la sociedad cuyo nombre adjuntan.
d)   Acabamos de recibir una propuesta provisional importante de la empresa cuyo nombre adjuntamos.

2)
a)   El Sr Matas les agradecería que le dieran informes completos sobre la fiabilidad de esta compañía.
b)   Les agradecería que me dieran informes completos sobre el trabajo de esta empresa.
c)   Los socios les agradecerían que les dieran informes completos sobre la sinceridad de esta sociedad.
d)   Les agradeceríamos que nos dieran informes completos sobre las perspectivas de esta corporación.

3)
a)   Montulia e hijos S.A. se han puesto en contacto conmigo a fin de hacerme un pedido importante de motosierras.
b)   Comercial Cobertera S.A. se ha puesto en contacto con la señora Sastre a fin de hacerle un pedido importante de carretillas elevadoras de horquilla..
c)   Laboratorios Farmacéuticos Muñoz S.L., se han puesto en contacto con nosotros a fin de hacernos un pedido importante de hipodérmicas.
d)   Hortispan S.A. se ha puesto en contacto con nuestros clientes a fin de hacerles un pedido importante de desterronadores de tres secciones.

Ejercicio 10.1

Muy señores nuestros: Acabamos de recibir un pedido importante de la compañía cuyo nombre adjuntamos. Les agradeceríamos que nos dieran informes completos sobre la situación económica de esta compañía. Antes de comprometernos definitivamente, les agradeceríamos que nos informaran sobre la calidad de su trabajo y de su servicio de posventa. Les aseguramos que cualquier información que nos faciliten será considerada como estrictamente confidencial. Carlos Banquells, Gerente.

Ejercicio 10.2

Señores: Sitra Esteban S.A. de Barcelona desean abrir una cuenta con nosotros y nos han dado su nombre como referencia. Sabemos que mantienen ustedes relaciones comerciales con ellos regularmente y hemos pensado que ustedes, mejor que nadie, podrían informarnos sobre su situación económica. Les agradeceríamos que nos dijeran si consideran aconsejable que les concedamos crédito. Naturalmente, cualquiera información que nos faciliten será confidencial. Les saluda atentamente Pedro Cuyás.

Ejercicio 10.3

Muy señores nuestros: Les agradeceríamos que nos dieran su opinión sobre la compañía

Laboratorios Farmacéuticos Casademon S.A., de Zumarraga (Guipúzcoa) la que nos ha facilitado su nombre como referencia. Aunque estamos seguros de que son solventes, quisiéramos asegurarnos de que pueden hacer frente a facturas trimestrales de hasta 600.000 ptas. Les aseguramos que cualquier información que nos faciliten será considerada como estrictamente confidencial. Les saluda atentamente...

Unit 11

Carta 11.1

Dear Sirs, Please take note of a mistake in our order No: A/147B of 5 October last. Instead of: Storage case for 20 compact disks, it should read: Storage box for 10 audio cassettes. Please excuse this regrettable error. Yours faithfully, Jorge Merino, Accounts Department.

a) He ordered the wrong goods.

Carta 11.2

Dear Sirs, On 4 January we ordered a graphic equalizer VOXIMOND to be delivered at the end of the month. On checking, we realize that our present stock is sufficient for the coming month and we would like to cancel the order. I hope that, in view of our longstanding dealings with you, you will accept this cancellation. Yours faithfully, Alfonso Nieto, Director.

a) Almost a month.
b) He has realised that he has enough equalizers in stock.

Carta 11.3

Dear Sirs, We have received your letter of 9 October in which you explain that it is impossible for you to fulfil our order No: 875-326 according to the stipulated details. We are sorry to have to remind you that we insisted that the delivery date should be adhered to, and we therefore find ourselves obliged to cancel the order. Yours faithfully, Eduardo Casas, Sales Director.

a) That the company could not fulfil his order.
b) Because he must have the goods by a certain date.

Carta 11.4

Dear Madam, As you do not have these articles in stock, we would be obliged if you would cancel our order for the sets of sports socks and replace it with sets of 10 pairs of half-socks of the same colour as the sports socks. We enclose a revised order form. We should be obliged if you would confirm as soon as possible that this change is acceptable. We hope to receive a favourable reply, Yours faithfully, Carmen Cabrera, Chief Buyer.

a) Because the supplier does not have the goods in stock.
b) A revised order form.
c) modificada.

Drills

1)
a) Les ruego que tomen nota del siguiente error en mi pedido Z-4532 del 7 de enero pasado.
En lugar de: Lote 2 – 6 copas de cerámica
debería ser: Juego 7 piezas de postre.

b) Les ruega que tomen nota del siguiente error en su pedido 23-A43 del 9 de febrero pasado.
En lugar de: 8 bandejas (1,395 ptas).
debería ser: Juego 6 tazas con bandeja (1,496 ptas).

c) Les rogamos que tomen nota del siguiente error en nuestro pedido B/2147/3 del 16 de marzo pasado.
En lugar de: 12 cafeteras con tapa
debería ser: 12 filtros café perpetuo.

d) Les ruegan que tomen nota del siguiente error en su pedido C43/3 del 23 de agosto pasado.
En lugar de: 20 estanterías dobles (3 baldas. Tamaño: 38 cm de alto x 26 cm de ancho).
debería ser: 20 estanterías 3 cuerpos (4 baldas. Tamaño: 65 cm de largo x 53 cm de alto).

2)
a) El 17 de octubre encargué un cortacésped autoportado que deberían haber entregado anteayer.

b) El 25 de noviembre encargaron una superficie regulable de mesa de operaciones que debería haber entregado hace dos semanas.

c) El 4 de diciembre encargamos 30 cascos de protección con visera y protección acústica que deberían haber entregado el dos del corriente.

d) El 14 de mayo encargué una oruga aplanadora "ZX4" que deberían haber entregado la semana pasada.

3)
a) Como no tiene usted estos artículos en almacén, le agradeceré que cancele
mi pedido de 20 mini-juegos (T55.45.76 Mini-Golf) y lo reemplace por 20 mini-juegos (T56.45.76 Mini-Billar).

b) Como no tiene usted estas mercancías en almacén el cliente le agradecería que cancele su pedido de 10 submarinos electrícos (2,495 ptas) y lo reemplace por 20 motos eléctricas (1,095 ptas).

c) Como no tiene usted estos artículos en almacén los clientes agradecerían que cancele su pedido de 50 juguetes en acción Fuerte Caballería = 26 piezas y lo reemplace por Tren-Diligencia = 23 piezas.

d) Como no tiene usted estos radio-casetes en almacén, le agradeceremos que cancele nuestro pedido de 15 F45.12.35 (6,495 ptas) y lo reemplace por 25 radio-relojes extraplanos am/fm F47.12.35 (5,995 ptas).

Ejercicio 11.1

Muy señores nuestros: Como no tienen estos artículos en almacén, les agradeceremos que cancelen nuestro pedido No. 73891/43A. Esperamos que acepten esta cancelación en vista de nuestras largas relaciones comerciales. En espera de una respuesta favorable, les saluda atentamente, María Pellejero, Directora Gerente de Ventas.

Ejercicio 11.2

Muy señores nuestros: Acusamos recibo de su carta del 9 de octubre en la que nos explican la imposibilidad de servir nuestro pedido No. 875/326 de acuerdo con los detalles previamente estipulados. Como no tienen estos artículos en almacén, les agradeceríamos que cancelaran nuestro pedido de 20 lotes de 2 cintas 90 y lo reemplacen por 30 lotes de 3 cintas 60. Adjuntamos una nota de pedido debidamente modificada. Les saluda atentamente Carlos Pascual, Jefe de Compras.

Ejercicio 11.3

Muy señores nuestros: Les rogamos que tomen nota del siguiente error en nuestro pedido A/9807 B del 5 de octubre pasado. En lugar de: 200 pantalones cortos estampados (Talla: M), debería ser: 200 slips estampados (Talla: G). Les agradeceríamos que nos confirmaran lo antes posible si aceptan este cambio. Les saluda atentamente Gerald Booth, Gerente.

Unit 12

Carta 12.1

Dear Sr Blamaña, We have pleasure in announcing the visit of our new representative, Brian Rothwell, to Javea with the complete range of our new samples. He will call on you during the course of next week. I am sure that you will find Mr Rothwell both pleasant and obliging, and that you will appreciate his professional qualities. I hope that you will offer him a warm welcome in Javea and place some orders which will receive our utmost attention, Yours sincerely, Ricardo Moro, Director.

a) He is Ricardo Moro's new representative.
b) A full set of samples.

Carta 12.2

Dear Sr Sopelana, We learn with great pleasure that you are interested in our type of merchandise. We are happy to inform you that our representative, F. Franco, will very shortly be in your area with complete samples of our range of products. We would be grateful if you would let us know whether a visit is possible so that we can arrange a meeting. Yours sincerely, José Masiá.

a) He heard that the company was interested in their products and his representative was about to visit the area.
b) To arrange a meeting.

Carta 12.3

Dear Sir, Our new representative in your area, Bill Davey, will call to see you during the course of the coming week. He will inform you himself of the date and time of his visit and we hope you will offer him a warm welcome. If you wish to place an order, you can be sure that it will be treated with our usual care and attention. Hoping that this arrangement suits you, Yours faithfully, Nicky Marchant, Overseas Sales Manager.

a) During the course of the coming week.
b) Bill Davey will contact him personally.

Carta 12.4

Dear Madam, We are very happy to introduce John Higgins, our new area representative. He will have the pleasure of showing you a collection of our latest models. We would particularly like to draw your attention to the exceptional quality of the models in stainless steel, which sell at extremely competitive prices. We hope you will favour us with an order which, it goes without saying, will be processed with the utmost care. Yours faithfully, Martin Goldsmith, Manager.

a) He is the new regional representative.
b) The models in stainless steel.

Drills

1)
a) Mi nueva ayudante en su zona, Mary Macarness, tendrá el gusto de visitarle en fecha próxima.
b) Nuestro nuevo colega en su zona, Stanley Hall, tendrá el gusto de visitarle bastante pronto.
c) Su nueva asociada en su zona, Claire Rafferty, tendrá el gusto de visitarle de hoy en ocho días.
d) Nuestro nuevo agente en su zona, Rex Baker, tendrá el gusto de visitarle pasado mañana.

2)
a) Tengo el gusto de anunciarle la visita a Barcelona de mi nuevo representante, Philip Jeffries, con una gama completa de nuestros nuevos libros. Les visitará mañana por la mañana.
b) El Director tiene el gusto de anunciarle la visita a Londres de su nueva ayudante, María Esperanza, con una gama completa de nuestros nuevos calendarios. Les visitará el día tres del corriente.
c) Los Directores tienen el gusto de anunciarle la visita a Cádiz de su nuevo agente, John Peters y su ayudante, con una gama completa de sus nuevas agendas. Le visitarán la semana que viene.
d) Tenemos el gusto de anunciarle la visita a Madrid de nuestra representante, Jocelyn March, con una selección de nuestros nuevos programas. Le visitará durante la semana que viene.

3)
a) Tengo el gusto de informarle de que mi agente, Antonio Heredia, estará en su zona durante la semana que viene con muestras de nuestros polos para niños H110.A6.13.
b) El señor Fieldman tiene el gusto de informarle de que su colega, Fred Sarvan, estará en su zona la semana que viene con muestras de nuestros juegos de sábanas "Tropicana".
c) Tenemos el gusto de informarle que nuestros ayudantes, Eric Saunders y Emily Goodman estarán el dos del corriente en su zona con muestras de pantalones cortos de tela estampada.
d) Los Directores tienen el gusto de informarle de que su socio, Paul Balles estará mañana en su zona con muestras de conjuntos de top y braga elástica (38-40, 42-44, 46-48).

Ejercicio 12.1

Muy señores nuestros: Nos complace mucho saber que muestran interés en nuestro tipo de productos. Tenemos el gusto de informarle de que nuestro nuevo representante, Mark Blackwell, estará en su zona dentro de poco con muestras de toda nuestra gama de productos. Estamos seguros de que encontrarán a Mr Rothwell atento y servicial y que apreciarán sus cualidades profesionales. Atentos saludos de Greg Thomson, Director Gerente.

Ejercicio 12.2

Estimado Sr Arrieta: Tenemos el gusto de anunciarle la visita a Andorra de nuestro nuevo representante, Paul Scanlon, con una gama completa de nuestras nuevas muestras. Le visitará durante el curso de la semana que viene. Le agradeceremos que nos informe de si considera oportuna una visita a fin de concertar una entrevista. Esperamos que esto sea de su agrado y le saluda muy atentamente Mike Bridges, Director de Ventas al Extranjero.

Ejercicio 12.3

Estimado Mr Holding: Nuestro nuevo representante en su zona, Martí Ignacio Somoza, tendrá el gusto de visitarle la semana que viene. El mismo le mostrará una colección de nuestros últimos modelos. Quisiéramos destacar en particular la excepcional calidad de los modelos en acero inoxidable que se venden a precios extremadamente competitivos. Esperamos que le reciba cordialmente y que le haga algún pedido, el que recibirá nuestra máxima atención. Le saluda muy atentamente, Juan Tirado, Director.

Unit 13

Carta 13.1

Dear Sirs, We thank you for your letter of 12 July which was attached to the proposal form. We are writing to inform you that our staff are now preparing your insurance policy which you will receive between now and the end of the month. In the meantime you are, of course, covered. Please find the cover note enclosed. Fernando Bobadilla, Chief Underwriter.

a) Because it enclosed the cover note.
b) Because the policy is not ready yet.

Carta 13.2

Dear Sirs, We regret to inform you that the goods sent by your agent in Vigo on the freighter "Lincoln" arrived in a very bad state. Please find enclosed a report from the Customs. You will notice that they estimate the damage to be £500. The cargo was fully insured against all risks by our London office. We request you to accept the figure as evaluated by your own expert and settle the claim at an early date. Yours faithfully, Ignacio Santo..

a) To get the damage assessed by his own expert and settle the claim.
b) The Customs report.

Carta 13.3

Dear Sirs, When our lorry arrived in Montilla this morning, the shipping agents noticed that several of the boxes in your consignment had been damaged. As a result, our assessor (expert) examined the cargo. The articles are complete but some of them have been spoilt, for example: 2 antique walnut tables and 12 sets of Chippendale chairs. Please find attached the assessor's report in triplicate, as well as a letter from the shipping agent confirming that the damage was noticed immediately after the arrival of the cargo boat. We would appreciate it if you would get in touch with the insurers about the problem. The insurance certificate number is P/96106. In the interim, we would be grateful if you would replace the damaged goods mentioned above, as we have customers awaiting delivery. Yours faithfully, Santiago de Gúzmán.

a) The assessor's report and a letter from the shipping agent.
b) To replace the damaged goods.

Ejercicio 13

Muy señores nuestros: El vuelo DA765 aterrizó puntualmente en el aeropuerto de Gatwick esta mañana como esperábamos, pero cuando nuestro agente inspeccionó la carga, observó que una de las cajas en el contenedor no. 12 había sufrido daños. Nos pusimos en contacto con nuestro representante de seguros en Brighton, y él aceptó estar presente cuando se abriera la caja. Al inspeccionar ésta, encontró que varios de los artículos estaban estropeados. Les enviamos su informe, y como ustedes son los titulares de la póliza, les agradeceríamos que hiciesen la solicitud necesaria a los aseguradores para reclamar compensación. No es necesario mencionar que debido a este contratiempo estamos en una situación muy embarazosa ante nuestros clientes. Por lo tanto, apreciaríamos que nos enviasen reposiciones por avión lo antes posible. Les saluda atentamente.

Unit 14

Carta 14.1

Dear Sirs, We sell a considerable quantity of English preserves to different parts of Spain and are interested in appointing an agent to explore the market and develop our sales further. The products in question are a wide selection of jams and honey. Your name was suggested as agent by López S.A. in Valencia, and on their recommendation, we would like to offer you the sole agency for Spain. Goods would be consigned to you according to your instructions since we are only familiar with the tastes and particular requirements of customers in the north-east and we realise that these must vary from region to region. We are enclosing our price list which will give you some idea of the varieties we produce. Since we appreciate the difficulties of introducing a new product to local buyers, we are willing to pay a commission of 15% on net sales. We are sure that this relationship will be mutually profitable and hope that you will accept our offer. Please let us have an early reply, so that we can prepare our introductory offers in good time. Yours faithfully, Jason Whitney.

a) Probably by sending their own commercial traveller.
b) By offering a commission of 15% on net sales.

Carta 14.2

Dear Sir, Thank you for your letter of 7 February offering us an agency for your potted meats. I shall be glad to accept the offer. We must point out, however, that only a sole agency would be worthwhile, as the scope for your potted meats is somewhat limited here because of local competition; besides, the preference for fresh foods here would make it difficult to extend the market for English potted meats rapidly. In these circumstances, we feel that competition from another agent would make our efforts not worthwhile. If you give us your sole agency for Spain, we feel sure that our marketing experience and valuable contacts will enable us to introduce your goods successfully throughout this country. Yours faithfully, Miguel Vicente Pelayo.

a) The Spanish market is too small for more than one agency.
b) Customers prefer fresh foods.

Ejercicio 14

Muy señores nuestros: Nos ha impresionado mucho la excelente calidad de sus productos agrícolas de los que vimos recientemente una selección en España. Desde entonces hemos visto su último catálogo y nos gustaría saber si tienen la intención de nombrar un representante en el Reino Unido. Nuestra compañía es una de las más importantes en distribución e importación y llevamos muchos años establecidos. Tenemos una extensa red de ventas y conocemos a fondo el mercado británico. Estamos seguros de que sus productos tendrían mucho éxito y nos gustaría discutir la posibilidad de llegar a un acuerdo con ustedes para representarles en exclusiva. Les rogamos que nos hagan saber si les interesa nuestra propuesta que, según consideramos, podría ser mutuamente provechosa. Les saluda muy atentamente...

Unit 15

Carta 15.1

Dear Mr Sanderson, Thank you for your enquiry regarding our range of fire-fighting equipment. We supply such equipment throughout the world for use by companies such as yourselves, and will be glad to provide a large order against a letter of credit issued through a reputable international bank. We look forward to receiving a letter of credit in due course, when your order will be processed in the usual way. Yours sincerely, Vicente Pitaque, Managing Director.

a) By a letter of credit.
b) When they receive the letter of credit.

Carta 15.2

Dear Sirs, Re: Your Order: JK/9630. We acknowledge with thanks receipt of the above order. We are in the process of preparing the magnetic white display boards for shipment. Your agent has informed us that you will arrange payment by Letter of Credit in our favour, valid until 30 June, 19—. This is acceptable to us. As soon as the credit has been confirmed by our bank, the goods will be shipped as instructed. Yours faithfully, Pablo de Henares, Sales Manager.

a) He was informed by his agent.
b) As soon as the credit has been confirmed by his bank.

Carta 15.3

Dear Sirs, With reference to your letter of 19 March, we write to inform you that we have instructed the Banco Hispano Americano in Zamudio to open a credit for £5,000 in your favour, valid until 30th June, 19—. This credit will be confirmed by Barclays Bank in Guernsey and will be issued when your draft is received at this bank. Please make sure that all necessary documents are attached: A Bill of Lading in duplicate, 1 Invoice for Customs, Insurance cover for £7,500 and 4 separate Commercial Invoices. Yours faithfully, Peter Horton, Chief Accountant.

a) To Barclays Bank in Guernsey.
b) A draft.

Ejercicio 15

Muy señor nuestro: Acusamos recibo de su pedido fechado el 15 de enero. Nuestro representante, Javier Lascasga, nos informa que los géneros están listos para envío. Según tenemos entendido, el pago se efectuará por Carta de Crédito Irrevocable a nuestro favor, válida hasta el 1 de marzo. En cuanto nos informen que ha abierto el crédito, despacharemos la mercancía de acuerdo con sus instrucciones. Le aseguramos que todos los pedidos que tenga a bien asignarnos serán servidos con nuestro mayor cuidado. Esperando tener el gusto de poder cooperar con usted en el futuro, le saluda muy atentamente...

Unit 16

Carta 16.1

Dear Sirs, I wish to apply for the post of bilingual secretary at AGCOM Ltd, as advertised in "El País" on Monday, 5 October, 19--. The attached CV notes detail my career and qualifications up to this moment, which in outline are as follows: I ended my full-time education by gaining a B.A. in 19--, although since then I have successfully completed part-time courses in Spanish and German. For the past 6 years I have been a private secretary in the Overseas Sales department at Selby plc., with particular responsibility for all overseas correspondence. During this time I have successfully introduced a completely new filing system and modernised the whole office routine. Having worked at this level for some time, I now seek further responsibility in this field and would like to take up the challenge of a new position. I would be grateful, therefore, if you would allow me the opportunity of meeting you and your colleagues to discuss my suitability for your post. Yours faithfully, Kathleen O'Houlihan.

a) Because she wants to apply for the post of bilingual secretary with AGCOM Ltd.
b) She has introduced a new filing system and has completely modernised the office routine.

Carta 16.2

Dear Sr Alonso, Having worked for the past four years as the only secretary in a thriving small business, I would like to apply for the post of executive secretary as advertised in "The Times" on Tuesday, 12 January, 19—. As private secretary to the owner of James Young plc in Southampton, I am responsible not only for the day-to-day running of the office, but for all overseas correspondence, mostly in Spanish and Portuguese as we export to many Latin-American countries. I am also responsible for the more personal work of making private appointments, vetting telephone calls and visitors and organizing Mr Young's paperwork and correspondence. With the above experience behind me, I am thoroughly familiar with the duties of an executive secretary and believe that I will come up to all your expectations. I enclose my C.V. and would be grateful if you would give me the opportunity to discuss my qualifications with you in person. I would be happy to attend an interview at your convenience, and can be reached on my answerphone at 0167 19860. Yours sincerely, Jennifer Hinchcliffe.

a) She was the private secretary at James Young plc.
b) She wants Sr Alonso to give her an interview.

Carta 16.3

Dear Sirs, The Post of Tourist Information Assistant. With reference to your advertisement in today's "Guardian", I would like to apply for the above post. Details of my qualifications and experience are as follows: I am a graduate of the University of Kent with a B.A. degree in Modern Languages (Spanish and French). I have also a diploma in Business Spanish at the Spanish Chamber of Commerce in London. After graduating in 1987, I worked for an advertising agency as proof-reader for their monthly magazine dealing with the Spanish wholesale trade. During this time, I attended evening classes in management and data processing. I am sure that, given the opportunity, I will be able to do justice to all aspects of the work entrusted to me as a Tourist Information Assistant. My spoken Spanish is fluent and I know many parts of Spain, since I studied for a year in Valencia and took the opportunity to visit many areas. I therefore hope that you will consider my application sympathetically. Yours faithfully, Rita Gillet.

a) She worked as a proof-reader for an advertising company.
b) She studied at the University of Kent and the Spanish Chamber of Commerce in London, and lived in Valencia for a year.

Ejercicio 16

Muy señores míos: En contestación a su anuncio en "Hoy" les agradecería que consideraran mi solicitud para este puesto. He trabajado como audio-mecanógrafa durante más de 6 años. Mi velocidad en taquigrafía es de 110 palabras por minuto y en mecanografía 60.

Hace poco seguí un cursillo de reciclaje en el uso de ordenadores. Ahora puedo utilizar competentemente programas de procesador de textos (Wordstar 5) y estoy familiarizada con programas como Dbase 3. Tengo 26 años y permiso de conducir. Adjunto mi currículum y copias de tres referencias. Esperando que me concedan la oportunidad de una entrevista, Les saluda muy atentamente...

Unit 17

Carta 17.1

Dear Miss Billings, Thank you for your letter applying for the position of secretary. I would be grateful if you could come here for an interview on Wednesday next, 13 March, at 2.30. If that day or time is not convenient for you, I would appreciate it if you could let my secretary know, and I will try to arrange the interview for a date and time that is suitable for both of us. Yours sincerely, Pedro Torrelaguna, Personal Manager.

a)   He wants her to attend for interview on the following Wednesday, 13 March.
b)   He wants her to contact his secretary for a new date and time.

Carta 17.2

Dear Mr Alvargonzález, With reference to your letter of Monday 12 January, I am pleased to confirm the offer of a position as systems analyst in this company. Enclosed are three copies of our contract of employment. Please sign two of these and return them to my secretary as soon as possible. I have also enclosed a leaflet giving you full details of our pension fund, luncheon voucher scheme, sports club and the annual outing. If you have any queries about the terms of the contract itself, please do not hesitate to contact me. Yours sincerely, Rosemary Giggins.

a)   She wants him to sign two copies of the contract of employment and return them to her office.
b)   He would contact her again if he had any questions about the contract.

Carta 17.3

Dear Mr Fish, Thank you for your recent visit regarding employment. After considerable deliberation and in the light of our conversation last week, I have come to the conclusion that we cannot at present offer you employment in our company. As I mentioned when we met, I will keep your application on file for future reference, as we regularly look for extra or replacement staff. I am glad you came and explained your capabilities so well, and hope that you do not find this decision too disappointing. Yours sincerely, Diego de Santo, Recruitment.

a)   It took him a week.
b)   By saying that he will keep his application on file.

Ejercicio 17

Estimada Miss Foxwell: Acuso recibo de su carta del 10 de enero en la que solicita el puesto de secretaria bilingüe. Tendré mucho gusto en entrevistarla y le ruego que se presente en estas oficinas el viernes 26 de enero a las 14.30. Si no puede venir ese día o a esa hora, hágamelo saber, preferiblemente por teléfono, y trataré de encontrar otro momento más conveniente para usted. En espera de su respuesta y de tener el gusto de conocerla personalmente el viernes, le saluda muy atentamente Antonio Carlos Blanco.

Carta 18.1

Unit 18

Dear Sr Velarte, I am about to apply for the position of Sales Representative at J Rothwell & Co in Madrid. I would like to include your name in my list of references. As you are familiar with my work with Llama Gabilondo y Cia S.A. you will be able to give J Rothwell a fair evaluation of my capabilities. I enclose a stamped, addressed envelope for your reply. Yours sincerely, John Bridges.

a) He is applying for the post of Sales Representative.
b) Because he is familiar with his work at Llama Gabilondo y Cia S.A.

Carta 18.2

Dear Sra Ortega, I am applying for the position of bilingual secretary with Transworld Travel in Oviedo. As you gave me every encouragement to continue with my study of Spanish and helped me prepare for the final examinations at the Spanish Chamber of Commerce in London, I would very much appreciate it if you would kindly write a letter of recommendation on my behalf. I enclose a stamped, addressed envelope to Sr de Carlos, the Personnel Manager at Trans World Travel. Yours sincerely, Emily Goodman.

a) Because she encouraged her to continue her study of Spanish and helped her prepare for her final examinations.
b) She wants her to send it to the Manager of Transworld Travel.

Carta 18.3

Dear Sra Codina, I am very happy to provide you with the information you requested regarding Mary Stevens. This information is, however, to be kept confidential. Miss Stevens first worked with us as a general secretary and became secretary to the Overseas Sales Manager in 1989. She proved herself to be competent, hard-working and trustworthy. I feel sure that she will prove herself to be an ideal employee if you decide to offer her the position she seeks. Yours sincerely, Juan Carlos Gómez, Managing Director.

a) He wants the information to be kept confidential.
b) She became secretary to the Overseas Sales Manager.

Ejercicio 18

Muy señores míos: La Sra Jackson se incorporó a nuestra plantilla hace 5 años como secretaria en prácticas. Desde entonces, siempre ha tratado de mejorar su capacidad profesional, asistiendo a clases nocturnas de secretariado, español y comunicaciones electrónicas. Hace un año fue ascendida al puesto de secretaria del Jefe de Ventas. Parte de su trabajo consiste ahora en ocuparse de la correspondencia extranjera. Se encarga también de la organización de conferencias de ventas y de la redacción de las actas. Estoy seguro de que será una persona muy apropiada para el puesto de asistente personal del Director de Ventas de su compañía y tengo mucho gusto en recomendarla. Les saluda atentamente...

MANUEL ABASCAL S.A.[1]
Equipo y planta para soldar
Cronista Carreres, 6 - Tel: (434) 6847
Tx: nacional 45632 international 35-67
4900 MADRID Fax: (434) 87643
8-41-000-00778123[2]

Directorio:[3]   Filial:[4] Eurotécnica
José de Benito   Fundidor de Hierro
Toedoro Neguri   Avda. Antg. Reino de Valencia, 96
María Beteta   48270 Marquina (Vizcaya)

Nuestra Ref. MA/SC[5]
Su Ref.

Madrid, el 28 de julio de 19..[6]

Sociedad Electrodos para Soldadura[7]
López de Hoyos 166-4°, izqd.
48480 Bilbao
VIZCAYA

A la atención del: Sr Antonio Torregrosa[8]

ASUNTO: Nuevos números de Fax y Teléfono[9]

Muy señor nuestro:[10]
                                                    [11]
Con motivo de continuar manteniendo una
comunicación directa con Vd. y prestar un mejor
servicio a sus gratas órdenes de pedido, le
informamos que, a partir del día 10 de agosto, los
nuevos números serán los siguientes:

TELEFONO (434) 78 43 28 y (434) 78 43 29

FAX (434) 535 8713

Le agradeceremos que tome debida nota en sus
registros.

Sin otro particular aprovechamos la presente para
desearle un venturoso 199...

Le saluda atentamente[12]

                        [13]

Manuel Abascal[14]
Director[15]

Registro Mercantil de Madrid: Tomo 355 . Folio 76 . Hoja 9870[16]
Inscrip. Ta. C.I.F. A09867453

Appendix 2
Layout — the parts of a Spanish business letter

1 The name, address, telephone number etc, of the company from where the letter is written.
2 **I.V.A. (Impuesto sobre el valor añadido)** – Value Added Tax (V.A.T.) number.
3 Directorio (Board of Directors).
4 Branch.
5 Reference letters or numbers.
6 The date.
7 The name and address of the company to which the letter is being sent; sometimes called the "inside address".
8 For the attention of: If this is used, there is no need to use the name in the inside address.
9 The "subject line".
10 The salutation.
11 The body of the letter.
12 The complimentary close.
13 The signature of the person writing the letter.
14 Name of the sender.
15 Status: This indicates the sender's position in the company.
16 Compulsory data on the company.

Notes

The Heading (La Dirección del remitente)

The types of companies and other information found in the letterhead can be:

S.A. (Sociedad Anónima) – plc (Public Limited Company).
S.L. or S.R.L. (Sociedad de Responsabilidad Limitada) – (Ltd).
y Co – (y Compañía) – & Co.
e hijos/hermanos (and sons/brothers).

The reference (La Referencia)

References are usually printed anywhere at the top of the letter and can be: **Nuestra Ref: (Nuestra referencia)** and **Su Ref: (Su referencia)** or simply **N/Ref.** and **S/Ref.**

Other features, such as **Privado y confidencial** (private and confidential), **A la atención de..** (for the attention of) and the "subject line" (with or without **Asunto**) are placed between "inside address" and the salutation.

The Date (La Fecha)

The date is written under the reference thus:

Place		Day		Month		Year
Bilbao	**el**	**23**	**de**	**junio**	**de**	**1992**

Abbreviations such as 23/6/92 and 23-V1-92 can be used. The month is written without a capital letter.

In letters with no printed address, the date is given at the top of the page on the right, after the name and address of the sender.

The "inside address" (La dirección del destinatario).

Except in the case of "window envelopes", this is placed on the left-hand side, three to five lines under the date. A new line should be used for each item:

Title plus initials/first name plus family name:	**Sr Juan Manuel Riscal**
Position in the company:	**Gerente**
Name of the company:	**Euroalmacén S.R.L.**
Street/Avenue, number and floor number:	**Av. Gral. Verela 14 , 2⁰**
Name of city town plus code:	**48200 Durango**
Province:	**Vizcaya**
Country:	**España**

Av. Gral. Verela 14 , 2^0

Sometimes the name of the province is placed in brackets after the name of the town.

Several other items can be added to the above pattern eg

When a company name is a surname, **Sres.** (Messre) is used eg **Sres. Martinez e hijos.** This is not used, however, with an impersonal name of a company, eg **Membranas Impermeabilizadoras S.A.** Letters may also be addressed to **Sr Secretario del** (or **de la**), **Sr Director del** (or **de la**), **Sr Gerente del** (or **de la**), plus the name of the company.

When the person's name is known, the title is followed by the surname plus the initial or the first name, eg **Sr Juan José Martínez, Sra María Martínez, Srta Luisa Martínez. Don** and **Doña** are now rather old-fashioned but are sometimes found eg **Sr Don Juan José Martínez** or **Sra Dña María Martínez.**

Words such as **Calle, Avenida** and **Plaza** can be abbreviated to **C, Avda,** and **Plz.** However, many streets have no such nomination, in which case simply the name is used followed by the street number, eg **Aragón, 123.** Offices in Spain are frequently in blocks of flats, so the floor number and other information about the whereabouts of the flat follow the street number. The floor number is indicated by the use of a small, superscripted "o" after the flat number, thus:

Potosi, 38,16°.

Other information might include: **piso** (floor), **cen. izq. (centro izquierda)** (centre left), or **der. (derecha)** (right), **bajo C (piso bajo, letra C)** (ground floor, letter C) etc.

The salutation (El Encabezamiento).

The salutation in Spanish is followed by a colon and not by a comma as in English.

If you do not know the name of the person you are writing to, the salutation will be:

To a man: **Muy señor mío:** (Dear Sir) or **Muy señores míos:** (Sear Sirs). To a woman: **Muy señora mía:** (Dear Madam).

Note that initials are never used in the salutation.

If you are speaking for your company, use:

Muy señor nuestro: or **Muy señores nuestros:** (Dear Sirs), or **Señores:** (Gentlemen).

If you know the name of the person you are writing to, the salutation will be:

To a man: **Estimado Sr Martínez:** (Dear Mr Martínez)
To a married woman: **Estimada Sra Martínez:** (Dear Mrs Martínez) or
To an unmarried woman: **Estimada Srta Martínez:** (Dear Miss Martínez).

The Body of the Letter (la parte principal de la carta)

Spanish business letters are now usually fully blocked with puncuation only used in the body of the letter. A less common, indented style is sometimes found, which uses punctuation throughout, ie in the "inside address" etc, as well as in the body of the letter.

If a plural is used in the salutation, care must be taken to use the plural throughout the letter.

The Complimentary Close (la Despedida)

If the letter begins with,	It can end with,
Muy señor mío:	**Le saluda atentamente**
Muy señores nuestros:	**Atentamente les saluda**
Estimados señores:	**Les saluda cordialmente**
Estimada Sra Castellano:	**Cordialmente le saluda**
Estimado Sr la Sota:	**Atentamente**

If two very good male friends are writing to each other, using **tú** rather than **usted**, the **Un abrazo** or **Recibe un cordial saludo de..** is used. If they are still using **usted**, the close would begin with **Reciba.....**

Again, care must be taken to use le or les with the above, according to whether you are addressing one or several people.

The Signature (La Firma)

The writer's signature is written between the complimentary close and his or her position in the company.

If a secretary is signing on behalf of somebody else, **p/o (por orden)** (per pro) is written before the signature.

Enclosures (Adjuntos)

The equivalent of the English "Enclosure(s)" is **Adjunto,** or **Ajuntamos,** often abbreviated to **Adj,** or **Anexo/s.** **cc** (carbon copies) is used to indicate that other persons are being sent a copy of the letter.

The Envelope (El Sobre)

The name and address on the envelope are set out in the same way as the "inside address". The address of the sender is always written on the flap at the back, after the word **Remite** or **Remitente** (sender), often abbreviated to **Rte.**

Other additions to the front of the envelope might be:

a/c (a cargo de)	
or **En casa de** (when the	
letter goes to a private address)	c/o or "care of"
Particular	Private
Confidencial	Confidential
Correo exprés	Express
Contra reembolso	C.O.D.
Certificado	Registered
Muestras sin valor	Samples, no value
A recoger	To be called for
A reexpedir	Please forward
Urgente	Urgent
Impresos	Printed matter
Correo aéreo, por avión	By Air Mail

Glossary of Spanish and English equivalents

A
aconsejar	to advise
actualizar	to update
afeitar	to shave
agradecer	to thank
albornoz de bano	bathrobe
alcanzar	to reach, attain
almacén	warehouse, store
arpillera	sacking, sackcloth
aunque	although, though, even though

B
bandeja	tray
bañador	bathing costume, swimsuit
bastón	walking stick, baton, truncheon
bisagra	hinge

C
cancelar	to cancel (out)
centrífuga	centrifuge
citas	appointments, meetings
colchones	mattresses
colgador de zapatos	shoe tree
comprobar	to verify, check, prove
concertar	to agree, settle
concordar	to agree, tally, correspond
contestación	answer, reply
correa metálica	metal belt or strap
cortinilla	lace curtain
cualquier	any
cuidado	care; carefulness
chamuscar	to scorch; singe

D
deber	to owe; must
dejar	to leave; to let, allow
delantero	front
demasiado	too (much)
demora	delay
dentro	in, inside
deporte	sport

descuento	discount, reduction
destrozar	to destroy
devolver	to return
destacar	to stand out
dibujo	drawing
distribuidor	distributor; stockist, dealer
dorar	to gild; to brown

E

empleado	employee
encargar	to order
encomendar	to entrust, commend
enchufe	joint; plug; socket
enmohecido	rusty; mouldy
entregar	to deliver
entrenamiento	training, coaching
escaparate	shop window; showcase
escuchar	to listen to
esfuerzo	effort
especiero	spice, of spices
estantería	shelves, shelving
estrellita	little star
exigir	to demand, insist on
éxito	success

F

falda-pantalon	divided skirt, culottes
fajo	wad (of notes), bundle (of papers)
feria de muestras	trade fair
filial	branch, subsidiary
folleto	leaflet, brochure
furgoneta	van, pick-up truck

G

gama	range
gato hidraúlico	hydraulic jack
granate	garnet; (colour) dark crimson
gratas noticias	good news

H

horno microonda	microwave (oven)
huelga	strike

I

idóneo	suitable, fit, ideal
incentivo	incentive

L

lana	wool
lanzamiento	promotion
limpieza	cleaning; cleanness
linterna	lamp, light, lantern
liquidar	to settle, pay off, clear
listo	ready
lote	lot
lluvia	rain

M

macizo	(noun) mass, lump; (adj) solid
manzana	apple
marco	frame
mayorista	wholesaler
medias	stockings
molestia	trouble, inconvenience, bother
mostrador	counter; (of clock) dial
muelle	quay, wharf
muñeca	doll

N

nivel	level, standard
nogal	walnut

P

pasador	hairclasp, collar stud; filter
pinzas	tongs; clothes pegs
planchas a vapor	steam irons
plazo	time limit, period of time
portada	front page, cover, frontispiece
principio	beginning
provechoso	beneficial, advantageous
proporcionar	to supply, provide
propuesta	proposal, proposition

Q

querer	to love; to want

R

rasguñar	to scratch; to outline, sketch
revista	magazine
recoger	to collect, fetch, pick up
retraso	delay
reiterar	to repeat, reaffirm
reloj despertador	alarm clock
respaldo	back (of chair etc)

S

saldar	to pay, settle
sartén	frying pan
seda	silk
sello	stamp
sentir	to regret, be sorry (that, about)
servicial	helpful, obliging
sobre	envelope
submarino	submarine
sucursal	branch, subsidiary
suministro	supply

T

taller	workshop
tamaño	size
tarro	pot, jar
tela	cloth, material
tienda	shop
tras	after
tratar	to try
trinchante	carving knife

U

último	last

V

vaqueros	jeans, denims
valija	suitcase
vales	coupons, vouchers